泉趣閒录

郭　震　张炳宸　李志广　编著

河北科学技术出版社
·石家庄·

图书在版编目（CIP）数据

古泉趣闻录 / 郭震，张炳宸，李志广编著. -- 石家
庄：河北科学技术出版社，2024.3
ISBN 978-7-5717-1426-0

Ⅰ．①古… Ⅱ．①郭… ②张… ③李… Ⅲ．①古钱（
考古）－鉴赏－中国 Ⅳ．①K875.64

中国国家版本馆CIP数据核字(2023)第015569号

古泉趣闻录
Guquan Quwen Lu

郭　震　张炳宸　李志广　编著

责任编辑	闫　娇	
责任校对	苏伯杨	
美术编辑	张　帆	
封面设计	闫晓从	
封面题字	张　建	
出版发行	河北科学技术出版社	
地　　址	石家庄市友谊北大街330号（邮编：050061）	
印　　刷	河北万卷印刷有限公司	
开　　本	710mm×1000mm　1/16	
印　　张	17.5	
字　　数	198千字	
版　　次	2024年3月第1版	
印　　次	2024年3月第1次印刷	
书　　号	ISBN 978-7-5717-1426-0	
定　　价	88.00元	

特别鸣谢张睿琦老师在本书编写过程中给予的巨大帮助！

前　言

　　河北地质大学钱圆金融博物馆（以下简称钱圆馆）坐落于风景秀丽的河北地质大学校园中，是河北省高等院校中第一所以钱币、度量衡、计算器和钱庄票号等为主题的博物馆。馆中收藏、陈列有数量巨大的古今中外钱币及票据：从早期的贝币到目前正在使用的第五套人民币，包括抗日战争时期、解放战争时期由中国共产党发行的红色政权钱币；由清代、民国时期钱庄票号发行的银票、汇票；古代丝绸之路沿线政权、国家流通的钱币；当今世界许多国家使用的钱币。丰富的馆藏当中，精品比比皆是，如战国时期的三孔布，晋阳刀，新朝时期一刀平五千，唐代鎏金开元通宝、得壹元宝，元代至元宝钞，明代西王赏功，清代咸丰元宝，民国"三鸟币"银元，第一套人民币，等等。

　　作为河北省科普教育基地，钱圆馆不仅承担着学校经济、管理类学生实习实训的教学任务，

还积极面向社会宣讲中国古代货币、金融的相关精彩历史。本书的编写，也是多方位科普宣传教育的一次尝试。本书内容基于钱圆馆馆藏钱币的相关知识，在补充部分有益、有趣古钱币相关故事后，本着兼顾科学性、可读性的原则编写而成。本书依照中国古代朝代顺序，以历朝历代典型钱币为载体，讲述钱币背后承载的有趣历史，努力跳出"就钱论钱"的窠臼，争取吸引更多青少年和历史爱好者关注中国古钱币及其历史，共同感受古钱币折射出的无穷魅力。

习近平总书记指出："中华文化之所以如此精彩纷呈、博大精深，就在于它兼收并蓄的包容特性……各族文化交相辉映，中华文化历久弥新，这是今天我们强大文化自信的根源。"面对鸿博的古钱币文化与历史，在编写此书时，编者常有绠短汲深之感，但宣讲中华历史、弘扬传统文化的使命感，又促使我们尽力而为。书中或有微瑕，敬请方家斧正。

在本书的编写过程中，博物馆讲解员王童、刘康婧、王佳乐、徐思凝、吴培、赵怡幸、张万佳同学积极参与前期资料收集与整理，为最终成书做了许多扎实的工作。付梓之际，一并表示感谢。

编者识

癸卯惊蛰

目 录

第一章

先秦钱币

一、贝币

中国最早的实物货币是一种叫做"齿贝"的贝壳，现在出土的钱币齿贝上都钻有孔洞，通过历史学家们的解读，基本认定这些钻孔就是为了穿绳子的。人们起先将齿贝作为一种饰品，充当项链，通常把五个或者十个串成一串，这个数量便逐渐形成了贝币的单位，即"朋"，就是 "朋友"的"朋"字。由此可知，"朋友"的"朋"字是指由利益勾连在一起的人群。

齿贝最初的作用只是作为饰品，但后来逐渐发展成了货币。齿贝在加工过程中，除了上述的打眼儿外，还需要磨背，就是对贝壳的背部进行打磨。生活在海边的人们很容易获得这种贝币，所以在那个时代，沿海一带的居民很可能多是腰缠万贯、富可敌国的人。而生活在中原的人们就很难获得这种货币了，他们几乎没有直接获得这种钱币的机会，只能通过贸易获得少量的贝币。但是，办法总比困难多。中原人的解困之道就是用兽骨磨制成钱币，即骨贝，以此作为货币使用。此外还有石贝，就是用石头磨制成一个贝币，而在石贝当中最为珍贵的就是玉贝。因为玉石本身的价值，所以在那个年代谁拥有一串玉贝，那一定是大富豪了。

▲齿贝

▲贝币

▲骨贝

▲铜贝

▲鎏金贝

▲包金贝

再后来，随着中国人掌握了金属冶炼的技术，便开始制作金属贝币，即青铜贝币。随着时代的变迁，青铜贝币逐渐脱离了原来贝壳的形制，演化成了各种各样的货币符号，完全脱离了饰品的意义，并且在钱币上出现了一些符号或文字。一般来说，在青铜贝币中比较珍贵的是鎏金贝和包金贝，就是在贝币上面用金箔、金粉进行更深入的加工，使之价值进一步提升。

二、异形币

异形币是指形制特异的货币。在先秦时期的货币当中，有很多的异形币，比如戈形币，形制就像当时流行兵器戈的戈头；比如磬形币，形制就像乐器磬一样。这里重点介绍一种鱼形币，是一种像小鱼的钱币。通常鱼形币前部都有穿孔，这个穿孔与贝币上的穿孔类似。关于这种鱼形币的相关问题，学者们仍存有一些争论，争论的焦点主要在铸造的地点、国家和政权方面。

▲鱼形币（正面）　　　　　　　　　▲鱼形币（背面）

20世纪的70年代末80年代初，在陕西部分考古发掘过程中，一些西周早年的墓葬中出土了较多的鱼形币。据此，大家一致认为鱼形币就是西周早期出现的一种货币。鱼在东部沿海地区、内陆地区的大河湖泊中比较常见，但在西北地区就显得比较珍贵了。当时甚至有"非上宾不可以用鱼"的谚语，意思是只有在上宾驾临的时候才能把鱼端上来请客人享用。而即便如此，给客人食用的鱼也很难是鲜鱼，通常是鱼干。或许正是源于鱼的稀缺性，所以其形象也被作为一种钱币。此外，还有一个例子证明鱼的珍贵，孟子曾言："鱼，我所欲也，熊掌，亦我所欲也。"现代很多人对这句话的理解是，鱼这种便宜的食材，我想吃；熊掌这种昂贵的食材，我也想吃，所以要权衡一下来决定。但实际上，孟子想表达的意思是，鱼是非常难得的食材，是很珍贵的，所以将它与同样珍贵的熊掌放在一起，就变得难以选择，不知该如何取舍。

除此之外，还有一部分学者认为，鱼形币是当时生活在江淮一带水网地区的一些小部落铸行的货币。在他们的生活当中，鱼是天天见的东西，所以就把鱼的形象用在了钱币上。但鉴于陕西的考古发现，鱼币铸自西北地区的认识还是更为可靠一些。

除了鱼形币，也许还有人听说过鱼符。在中国历史上调兵需要虎符，在大家熟知的"信陵君窃符救赵"故事中虎符是关键的调兵信物。但是虎符到唐代时，被改成了鱼符，原因是为了避李渊祖父李虎的名讳。从唐代开始，调兵不再用虎符，而是用鱼符。但是鱼符和鱼形币是完全不同的两个物品，形制上也完全不一样。

三、刀币

刀币是主要流行于战国时期的一种货币，当时主要在燕国、齐国、赵国以及中山国这些北方国家流通。刀币最初是从原始的刀削发展而来，刀削是什么呢？难道是青龙偃月刀吗？不是。其实就是一种工具小刀，是渔民、猎户们随身携带的工具，在打猎的时候用于对猎物剥皮、开膛，或是捕鱼时用来给鱼刮鳞、开膛。这种劳动工具后来发展成了刀币。具体而言，燕国、齐国、

▲原始刀削

▲燕刀

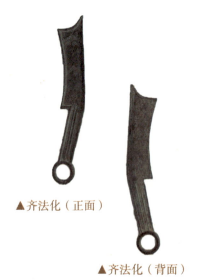

▲齐法化（正面）

▲齐法化（背面）

赵国和中山国所使用的刀币在形制上各有千秋，不尽相同，这是我们确定刀币归属的重要依据。

一般而言，燕国铸造的刀币，刀型较大，上面通常有字，大部分学者将其解读为"明"字，但是也有人认为应该解读为"昭"字。常见的燕明刀一般长16～16.5厘米，刀首宽1.6～1.9厘米，重14～19克。常见品最大特点是弧背（刀背为圆滑的弧形），六枚燕明刀首尾相连刚好排列成一个闭合的圆环。

齐国的刀币相较于他国刀币形体最大，四周均有外郭，有字，如齐法化、齐之法化等，还有铸以地名的，如安阳之法化、即墨之法化等。古钱界通常以刀币面文的字数简称其名，如齐法化俗称"三字刀"，即墨之法化俗称"五字刀"。齐刀币一般长约17.8厘米，宽约2.9厘米，重40.8～52.4克。

中国首款纪念币

公元前314年，齐国趁燕国内乱时出兵攻打燕国。齐军仅用时五十天便攻破燕国都城，几乎将燕国灭国。燕昭王继位后，随即展开复仇，他邀请了众多天下英雄来帮忙。在燕昭王请来的诸多英才中，尤以乐毅为其中翘楚。当年诸葛亮未出山之时，在隆中常常自比为管仲、乐毅，后者指的就是这位不世出的名将。乐毅后来率领以燕国大军为主的五国联军攻打齐国，一举攻下七十多座城，打的齐国只剩下莒和即墨两座城池，当时的国君齐湣王（就是成语"滥竽充数"里喜欢听独奏的那位仁兄）也在战乱中被杀。

齐国眼看就要灭国之时，出了一个奇人，成功重启系统，这位大神就是田单。他是齐国国君的远房亲戚，本来在临淄做小官，国家即将灭亡时他也随着大家一起跑，而且超能跑，每次都穿"黄色领骑衫"，最后跑到了即墨。就在齐国上下一片哀鸿，眼看就要灭国时，燕昭王却死了。被燕昭王信任的乐毅顿时失去靠山，新继位的燕惠王对乐毅十分忌惮（乐毅功高震主、手握重兵，换谁都会害怕）。田单瞅准机会，派人到燕国大造舆论，说乐毅率领的大军对齐国的攻伐前半段十分顺利，但到了只剩下莒和即墨时却进展缓慢，究其原因是乐毅想要拥兵自立，他想当齐王。燕惠王一听说这个消息，乱了阵脚，心中迅速认定乐毅即将反叛，于是决定尽快把乐毅杀掉。

燕惠王派了一名叫骑劫的大将去接替乐毅，乐毅明白燕王已经下定决心要除掉自己。出于自保，乐毅三十六计走为上。此时，伐齐的五国联军在胜利面前相互猜忌，早已纷纷撤兵，离开了齐国，剩下的燕军又因为临阵换将而军心动摇。接下来，舞台终于属于田单。他首先在即墨的军民当中散布舆论，说如果我们城破，燕军会割了我们的鼻子，刨了我们的祖坟，一下子激起了即墨军民的怒火，大家纷纷抄家伙准备拼命。然后田单又跟燕军统帅骑劫说自己打算投降，甚至把投降的细节都商量好了，就等第二天出城缴械。面对唾手可得的胜利果实，骑劫松懈了。战争即将结束，"胜利者"骑劫提前开启了庆祝模式。

在约定好的出降前夜，田单于即墨城中集结了一千头耕牛，把牛身上涂得五颜六色，一个个画得都像牛魔王似的，又在牛角上绑上尖刀，在牛尾巴上绑上渍满油脂的芦苇。接下来，田单命人点燃了牛尾巴上的芦苇……受到惊吓的牛群从城门中冲出，直奔燕军大营而去。燕军正在大营里狂欢，齐国牛们赶来助兴，燕军大营一时间成了西班牙奔牛节现场。紧随牛群之后的是田单挑选的敢死队，他们一鼓作气，冲垮了燕军大营，将燕军全部击溃。此后的战争形势用利刀破竹、激水冲沙来形容一点也不过分，田单竟然挟此大胜之余威，顺势光复齐国。

此时的齐国国君是齐襄王，他原以为国家行将灭亡，结果剧情翻转得太快，国家居然一夜之间又光复了。齐襄王回到都城临淄的时候，感慨万千，随即决定铸行一批钱，纪念一下这复国壮举。这批纪念币上铸有六个字，史学界解读为"齐返邦长法化"，也有人认为应该叫"齐造邦长法化"，翻译成白话大致就是齐国复国纪念币，这很可能是中国历史上第一款纪念币。因为铸行量小，六字刀成为如今古钱收藏界的一大珍品。

▲六字刀

相对而言，赵国刀币保持原始刀削的特点最少，钱币外形线条硬朗是其主要特点，明显区别于燕刀、齐刀，古钱界称之为"直背"。此外，赵国的刀币也有文字，一般常见的是"甘丹"两个字，即当时赵国的都城邯郸。此外，还有如面文"白人"的刀币，白人即今河北邢台柏人，位于邢台隆尧县，此地历史悠久，曾是赵国重要的铸币中心之一。"白人"刀币的形制，一般长13～14.2厘米，宽

▲赵刀

约1.5厘米，重10～12.2克。

中山国位于今河北省中部太行山东麓一带，夹在赵国和燕国之间，因城中有山而得国名。中山国，早期称鲜虞，首见于史籍在周幽王八年（公元前774年）。中山国初以顾为都城，后迁至灵寿。魏文侯四十一年（公元前406年），魏灭中山国。公元前381年前后中山桓公率鲜虞余众驱逐魏国统治者，中山复国。此后，其国力逐渐达到鼎盛。公元前323年，中山国君主与赵、韩、魏、燕四国的君主同时称王。赵惠文王三年（公元前296年），中山国被赵国所灭，前后享国400余年，几乎贯穿整个春秋战国时代。中山国刀币一般铸有"成白"两个字，一般长13.4～13.6厘米，宽1.4～1.6厘米，重14.5～15.3克。

▲成白刀

四、布币

布币是由锄头的形制发展而来，也是借由生产工具演化而来的钱币。与其类似的是圜钱（圆钱的前身，也就是我们通常所说的圆形方孔钱的前身），是由纺车的纺轮形制发展而来。为什么要叫布币呢？其实这个字应该写作"镈"，"布"是它的通假字，而镈指的就是锄头。布币的主要铸行范围就在中原地区，即当时的赵国、魏国、韩国等国家，因为这个区域农耕比较发达。此外，楚国也有少量的铸造，估计是为了方便与中原国家的

▲原始空首布（正面）　　　　　　▲原始空首布（背面）

▲弧足平肩空首布（大型，正面）　　▲弧足平肩空首布（大型，背面）

▲斜肩弧足空首布（大型，正面）　　▲斜肩弧足空首布（大型，背面）

▲圆足布（正面）　　　　　　　　▲圆足布（背面）

贸易。早期的布币还保留有其曾经作为生产工具的诸多特点，比如早期空首布币的上面是一个銎口。銎口指的是用于安装木柄的插口。但在后来的流通过程中，人们发现这个銎口没什么实质意义，因此布币由早期的空首布币逐渐嬗变为平首布币。

空首布币还可进一步细分为弧足空首布、尖足空首布等。弧足空首布，布身多为正方形，足部呈弧状，肩部可能平，也可能斜。面文多为地名。平肩布币一般长约10厘米，足部宽约5.3厘米；小型币长约7.4厘米，足宽约5.3厘米。斜肩布币一般长约8.6厘米，足部宽约5.3厘米；小型币一般长约6.9厘米，足部宽约3.9厘米。

平首布又称实首布，相较于原始空首布，钱币首部已扁平无銎，因此被称为平首布。平首布又可再细分为方足布、圆足布等。方足布顾名思义足部是方形的，而足为圆形的则是圆足布。圆足布是布币发展到晚期的形态，其钱币顶端、中部、足部均不见棱角，为圆弧形，即所谓圆首、圆肩、圆裆、圆足。圆足布最终发展为三孔布，是布币的最后形态。所谓三孔布，就是在圆足布的基础上在钱币的顶端、尾端位置铸有三个圆孔。三孔布铸行不久后，秦国便统一天下。自此之后，六国钱币尽皆被废，天下人一律使用秦国的半两钱。

关于铸行三孔布的国家，史学界尚有争议，大致有秦铸论、赵铸论、中山铸论几种观点。但大多数古钱币专家认为三孔布币主要为赵国铸行。由于铸行时间短，铸行范围小，所以三孔布现今存世量也非常少，仅有二十余枚，并且大部分被日本收藏。新中国成立之后，国内考古出土的三孔布币仅两枚，一名"宋子"，一名"无终"。

五陉三孔布

五陉三孔布是一枚三孔布币，它的面文正面是"五陉"两个字，背面是"十二朱"三个字，所以被命名为五陉三孔布。陉的意思是山脉中断的地方，太行山有八处这样的天然缺口，因此自古便有太行八陉之说。五陉即太行八陉中的第五个山口，指的是今天河北石家庄井陉。井陉以其独特的地理位置，自古以来便是兵家必争之地。根据历史学者们对五陉三孔布的研究，普遍认为此钱为战国末年赵国在井陉当地铸造的货币。

公元前229年，秦王嬴政利用赵国连年灾荒的有利时机，任命王翦、杨端和为大将，率领二十万秦军发动了旨在攻灭赵国的战争。存亡之际，赵国派出了他们最后的抵抗力量，由名将李牧率领的北地兵（赵国主要负责防御北方匈奴威胁的部队）在井陉与秦军展开了这一场关乎赵国生死的战争。此战是被誉为战国四大名将之二的王翦与李牧的直接对话。在李牧的出色指挥下，赵军依托有利地形，深沟高垒，成功地阻挡住了王翦大军的进攻。王翦面对李牧率领的赵军竟显得束手无策，战事迁延长达一年之久，秦军始终无法取得战场上的突破。面对拖沓的战事，当时的秦王嬴政焦虑万分。于是乎，秦国人又使出了他们最擅长的绝招儿：反间计。故事的发展似乎就像当年长平之战的重演，秦国人派间谍到赵国邯郸贿赂了当时赵王迁的宠臣郭开。郭开是个彻彻底底的奸臣、完完全全的小人，曾经有人对他无节操、无底线的结党营私行为发问："你就不怕赵国灭了，你也跟着一起灰飞烟灭吗？"他竟无耻地回答："赵国亡了关我什么事儿。"此次在拿到秦国送来的金银财宝之后，郭开早把国家安危抛到了九霄云外。他去找赵王迁说李牧在前线畏缩不前，是想反叛赵国，投降秦国。赵王迁竟然不辨真伪，立刻命令大将赵葱赶往前线接替李牧。同样的临阵换将，李牧没有像长平之战中的廉颇那样乖乖交权，而是以"将在外君令有所不受"为由，坚持领导赵军进行战斗。但他的这个举动恰恰坐实了郭开对他的诬陷，赵王迁更加确认李牧存有二心，于是他命令赵葱在阵前斩杀李牧。民间传说，李牧的手有残疾，没办法执剑做出自刎的动作，最终他嘴含宝剑撞向柱子，自杀而死。可叹一代名将就此殒命，最终倒在了自己国君的屠刀之下。李牧死后三个月，王翦率领秦军击溃赵军，与杨端和率领的秦军会师于邯郸城下。赵王迁自缚出降，赵国灭亡。五陉三孔布的铸行时间恰在赵国灭亡之前，所以它很可能就是这段历史的亲历者与见证者。

最后说说郭开的结局。赵国灭亡后，他按照之前跟秦国的约定，率领全家跑到秦国做了上卿。待了没几天他琢磨着应该把留在邯郸的金银财宝都运到秦国，这样就可以继续享受锦衣玉食的生活。说干就干，郭开亲自去运，可事出蹊跷，郭开的"运钞车"走到半路被土匪劫了，郭开也一并被杀。关于这群强盗的身份，人们有各种猜测。有人说是李牧手下残存的兵勇，也有人说是赵国的志士，还有人说是秦国派来灭口的人。总之，恶贯满盈的郭开，最终被神秘势力成功带走，虽然有些晚，但正义没有缺席。

▲五陉三孔布

五、从圜钱到圆钱

圜钱的形制可能来源于纺车的纺轮，但也有人认为是受到中国玉璧文化影响而成。《礼记》记载"苍璧礼天"，玉璧是古代用来祭天的礼器。中国人信仰天圆地方之说，因此玉璧的形制为两个同心圆，人们便据此觉得圜钱就是模仿了这个形制。圜钱主要铸行地区是秦国、魏国、赵国，其他国家也铸行过少量的圜钱。圜钱上通常会有文字，如铸造地点："垣""离石""蔺"，抑或国名如"西周""东周"。

由圜钱发展而来的圆钱就是人们熟知的圆形方孔钱。有人认为圆形方孔钱的形制体现出中国人天圆地方的思想认知。《吕氏春秋》中曾载：

▲ "共"字圜钱（正面）

▲ "共"字圜钱（背面）

右 "垣"字圜钱（背面）
左 "垣"字圜钱（正面）

"天道圆，地道方，圣王法之，所以立天下。"后世中国人又猜测圆钱的形制反映了为人处世的态度，即所谓外圆内方的原则。其实，圆钱出现的原因非常简单：钱币中间的穿孔做成方形相较圆形更容易加工，生产效率更高，使得圆钱取代圜钱成为必然。从此，圆形方孔钱的形制成为定式，"孔方兄"从先秦一直持续到中华民国初年仍铸行不辍，前后延续了两千余年。

秦统一六国之后，施行书同文、车同轨、统一度量衡等种种举措。钱币也被统一，其他六国的货币尽皆作废，天下统一使用圆形方孔的半两钱。半两钱的前身是两锱钱，锱即成语锱铢必较中的锱。秦代的计重单位一两等于二十四铢，半两就是十二铢；一锱等于六铢，两锱也是十二铢。因此，两锱和半两其实重量相同。秦朝的半两钱一般直径为3.2～3.4厘米，实际重量不一，差别较大。

▲秦半两（正面）

▲秦半两（背面）

▲秦半两

▲秦半两

六、自成一系的楚国钱币

春秋战国时的楚国，在民族、文化等各个方面均与其他各国风格迥异，极具地方特色。楚国在铸钱上也自成一系，与其他六国不同。

首先，在铜制钱币方面，楚国仍然沿用铜制贝币的体系，但也有自己的改进：外形上有变化，更主要的进步则是铸有面文。其中较为常见的是蚁鼻钱、鬼脸钱。

蚁鼻钱的外形几乎是正椭圆形，正面有一个看起来非常复杂的字符，对其的解读，史学界尚有争议，或解读为"各一朱"，或"各二朱"，表示此钱的面值为一铢或二铢。此钱"各一朱"三字是竖向串联在一起布局，故而乍一看，好像是一只蚂蚁。结合此钱外形，就好像鼻子上爬着一只蚂蚁。所以，这种钱被称为蚁鼻钱。蚁鼻钱长约2.1厘米，宽约1.3厘米，重约3.6克。

左　蚁鼻钱（正面）

右　蚁鼻钱（背面）

鬼脸钱铜币不像蚁鼻钱做得椭圆规整，似乎更接近贝壳的形制，又略微有些变形，表面上还铸有一个神秘的符号。对于这个符号的解读，史学界同样存在争议，有人说这是一个"巽"字，也有人说这是个"哭"字，还有人说这是个"晋"字，但主流认知一般认为这个字应该解读为"咒"。整个贝币的形态看起来好像一张鬼脸，上面两个倒三角，好像两只眼睛，下边两撇好像是鼻子，一个小钻孔恰好像个嘴。这样的楚国贝币便被称为鬼脸钱。鬼脸钱中大的长约1.9厘米，宽约1.3厘米，重约4.1克；小的长约1.3厘米，宽约0.7厘米，重约0.6克。

鬼脸钱不仅有"咒"字面文的，还有如"君"字、"行"字版的，只是这些相对比较少见。除有文铜贝外，楚国钱币中还有铜钱板。这种铜钱板很像是后世的铜钱牌，区别在于，楚国的铜钱板是横排版，钱板上铸有圜钱的形象，而宋代的铜钱牌则是竖排版。

鬼脸钱

　　此外，楚国货币中黄金钱币也极具特色。先秦时期，楚国是唯一一个把黄金作为流通货币来使用的国家。楚国的金板铸造得很像现在的巧克力，是把黄金铸造成一个大的金板，再在其上分隔出若干小块。小块金板的表面通常有文字，一般是"郢爰""陈爰"，郢和陈都曾经做过楚国的首都，因此"郢爰""陈爰"金板或许就是当时的首都特区币。那么，这种金钱板是如何使用的呢？在具体使用的过程中，通常根据所需量，将小金块分割下来。因为提前预留有边槽，因此相对较容易分割。

楚国金板

相邦吕不韦与文信钱

　　战国末期，秦国有一种文信钱。文信钱的面文是"文信"两个字，文信指的是文信侯吕不韦。吕不韦原本姓姜，相传是姜子牙的后人，但到了他这一辈，出将入相这事早就跟他没关系了。吕不韦是个大商人，贱买贵卖、追逐利益是商人的本性，在吕不韦眼里，不止物品可以成为商品、货物，人一样可以"贱买贵卖"。有一年，吕不韦行商到了赵国的都城邯郸，经人介绍认识了一个人，就是当时在赵国做人质的秦国王孙——异人。可能有朋友觉得，吕不韦结识了秦国的王孙，估计以后肯定飞黄腾达了吧，实则不然。当时秦赵两国是世仇，在赵国当人质的秦国王子没准儿哪天就被拉出去砍了，属于随时准备报销的耗材。况且，异人的父亲、秦国太子安国君生了二十多个儿子。异人并非这二十多个儿子里最受宠的（想想也知道，要是他受宠也不至于被送到赵国去干这刀头舔血的活计了），谁也不会想到异人将来可能当秦王。在大部分人眼里异人就是一只待宰的羔羊，是棵千年不开花的铁树。但吕不韦却有不同的看法，他以商人特有的敏感、独到的眼光，觉得这个异人奇货可居。吕不韦"异想天开"地认为将来异人回到秦国做了秦王，自己可能就一步登天了。理想是丰满的，但现实很骨感。吕不韦并不气馁，他为异人量身打造了一套迅速走红的计划。并与异人约定：我来包装你，送你回秦国，做秦王。异人当然没有异议，他的处境已经如此落魄，又不受他爹待见，还随时可能被杀，大不了一死，为什么不试一试呢？于是，吕不韦开始精心策划，运作此事。

当时秦国太子安国君最宠爱的女人是华阳夫人，而华阳夫人有一个最大的心病就是没有儿子。世人皆知，母凭子贵，没有儿子就意味着现在受宠，可将来一旦年老色衰，荣华富贵还有没有就另当别论了。吕不韦准确把握了华阳夫人的心理，找到华阳夫人的娘家人进行游说，华阳夫人的娘家人也有危机感，便问吕不韦应当如何去做，才能永保富贵。吕不韦胸有成竹地回答："很简单，在安国君的二十多个儿子里找一个合适的过继给华阳夫人，并扶持他将来做秦王，到时华阳夫人便是太后，富贵岂不是永远得保了吗？"于是乎，吕不韦和华阳夫人一拍即合，开始联合"创业"。

华阳夫人的枕边风开始席卷安国君："我没儿子呀，将来谁来养老，你说怎么办呀？"安国君听了也头大，要是能成功造人早就造了，何苦等到现在。华阳夫人说："这样吧，给我过继一个儿子。我听说在赵国当人质的异人小伙子不错，就他怎么样？"安国君当然乐得其成，只要能安抚住华阳夫人就行，于是异人摇身一变，成了华阳夫人的儿子。为了哄华阳夫人开心，异人故意改名叫子楚（华阳夫人是楚国人），等到见华阳夫人的时候他还特意穿了一身楚国的衣服。一波操作下来，哄得华阳夫人欢喜不已。此后，华阳夫人的枕边风直接升级为龙卷风，夜夜刮向安国君：这个儿子好呀，这个儿子孝顺呀，这个儿子有本事呀，这个儿子贤能呀，就得让这个儿子当世子呀……

后来故事的发展就像按了快进键，比吕不韦设想的还要顺利。安国君顺利成为秦王，但却还没来得及施展抱负就死了。于是，子楚也就是异人顺利登上秦王的宝座，历史上称之为秦庄襄王。秦庄襄王立刻任命吕不韦为秦国的国相，后来又封他为文信侯。吕不韦借此也到达了人生的巅峰，但后面的剧情就脱离了剧本，逐渐演变成闹剧、悲剧。庄襄王在位仅仅三年就死了，秦国又换上一位新国君。中国历史上的超级牛人闪亮登场，这位新君就是大名鼎鼎的嬴政，战国时代将在他的手里终结。民间相传，嬴政的生母赵姬，原本是吕不韦的歌姬，吕不韦为了接近、控制异人，将怀孕的赵姬献给了异人。因此，嬴政其实是吕不韦的儿子。实际上，吕不韦相权过重，已经威胁到了嬴政的统治，因此，嬴政最终解除了吕不韦的权柄，将其逐出秦国的权力中心。

吕不韦可能是做国相太久了，虽然被贬，但官架子不倒。回到自己的封地后，他仍然天天大宴宾客，搞得门庭若市，诸侯贵宾络绎不绝。嬴政知道后顿时七窍生烟、三尸暴跳，又把吕不韦贬为庶人流放巴蜀，事已至此吕不韦才知道怕了，最终喝毒酒而死。文信钱就是吕不韦在做文信侯时铸行的，但具体的铸行时间、铸行地点存在争议。有人认为是他做了文信侯的几十年里铸行的，也有人认为是他被贬回封地后铸行的。对此，因为史料缺失没有定论。

▲文信钱

秦始皇弟弟的故事与长安钱

与文信钱同一时期铸行的钱币中有一种叫做长安钱。为什么叫长安钱？因为这个钱穿孔的右边和下边有两个字：长安。长安钱与一个人密不可分，他就是秦始皇的弟弟：成蟜。成蟜很小的时候就被封为长安君，封地在长安县，长安钱就是成蟜铸行的钱币。成蟜曾经是嬴政非常头疼的政治对手，他后来反叛秦国，嬴政对他恨入骨髓。

成蟜的母亲是韩国公主，当初子楚被安国君确立为接班人后，韩国马上捕捉到这个信号，把自己的公主嫁给了子楚，之后便生下了这个小儿子成蟜。庄襄王死后，王位被嬴政继承。同样具有王位继承权的成蟜被巨大的恐惧感包围，他担心嬴政会对他下手。同时，成蟜总觉得自己才是王位继承的不二人选，因为从嬴政继位之初，关于他身世的流言就没有断过。成蟜认为嬴政不是爹的亲儿子，或者说跟他老爹压根儿就没关系，凭什么继承王位？

　　当时的秦国政坛主要分为赵党、楚党、韩党三股势力，赵党成员主要是秦王嬴政、他老妈赵姬、他老妈的相好嫪毐、他老妈的老情人国相吕不韦（没有项少龙）；楚党成员主要是华阳太后（华阳夫人）、昌平君、昌国君等人；韩党主要是成蟜、将军壁等。虽然在最初的王位继承权争夺中落败，但这并不意味着成蟜彻底失去机会。成蟜周围有很多人是支持他的，首先他母族韩国就愿意倾全国之力来支持他上位。此外在当时秦军当中，有一位将军名字叫壁。壁在秦军中的影响力仅次于王龁和蒙骜，也是秦军当中一员猛将，拥有一定的话语权。壁将军是成蟜最重要的支持者。除此之外，成蟜背后同样有大财团的支持，一样不差钱。所以当成蟜拿到这么一手牌的时候，没有想法是不可能的。

　　成蟜与将军壁合谋，以攻打赵国的名义，要出一支秦军，浩浩荡荡杀奔赵国而去。但走到半路，却在山西屯留停了下来，等待时机。等待时机？对，按照成蟜等人的设想，他离开咸阳之后，秦王嬴政、吕不韦和嫪毐三人之间的矛盾必然激化，只要他们开始斗起来，打起来，成蟜就可以坐收渔翁之利。可惜，成蟜没能等到嫪毐造反，自己先按捺不住，反了。屯留是个盆地，其北口和东口与赵国相通。以秦赵之间的世仇，成蟜背靠赵国反秦，他的后背就是安全的。而盆地的西口正好连着嫪毐的封地，嫪毐与成蟜早就暗通款曲，所以他觉得西口也是安全的，嫪毐不会轻易地让秦军通过其领地。于是，将军壁率领手下秦军重点驻守在南口，在此堵住秦军，便可保屯留无恙。成蟜的小算盘打得哗哗响，可惜碰上的是智慧和武力值都爆棚的嬴政。秦王派来平叛的组合堪称天团，四位领军将领是王翦、桓齮、杨端和、王贲，这可是战国末年秦军四大天王。将军壁再能打，碰上这四位杀神，也不灵了。此外，成蟜对人性的认识还是不够通透，他觉得嫪毐平时跟他暗自串通，这时候也能帮他一把。可实际上嫪毐巴不得秦王嬴政弄死成蟜。秦军一到嫪毐的领地，便畅通无阻。将军壁还在苦苦死守南口，而秦军早已通过西口杀入了屯留。关于成蟜的最终结局，史书记载也有不同，有的说成蟜逃到了赵国；也有的说，成蟜和将军壁都被杀了。屯留的人为了自保把这两个人鞭尸，还哭嚎道："都怨你们呀，我们不想造反，都是你们两个带着我们不学好。"屯留人想以此向秦王表忠心，可惜没用。秦王嬴政的大军进入屯留之后，所有参与叛乱的秦军全部被斩首，屯留当地的百姓全部被流放。

成蟜在做长安君时，铸行了长安钱。长安钱并不是十分精美，长安两个字以篆体铸成。民间百姓，一般看到这两个字，觉得是个吉语，因此还是喜欢收藏一下或是放在家里求保平安。但当你知道长安钱背后成蟜的故事，还会希望靠它来保佑自己吗？

▲长安钱

第二章

汉代钱币

一、西汉铸钱

半两钱通常分为秦半两和汉半两。在西汉初期，相当长的时间里仍在铸行面文为半两的钱币，但汉半两在重量上普遍比秦半两轻，铸造工艺也较为散漫随意。汉初铸行的半两钱出现明显的减重，这又是为什么呢？秦朝半两钱一般重量与面值一致，即重半两（十二铢）、价值半两。但汉初统治者发现这个钱在流通使用过程中面值过大，颇为不便。举例来说，家里想吃顿饺子，需要去菜市场买两棵葱，结账的时候才发现，能拿出来的只有百元大钞。这下好了，原本只想买两棵葱，搞不好买了两车葱回来。此外，初奉行黄老之道，政府尽量什么都不做，放权民间。于是，政府规定"秦钱重难用，更令民铸钱"。就是秦朝的钱币面值太大，使用过程中不方便，他们就把铸钱的权利下放到了民间。什么？老百姓自己铸钱？家家开印钞厂？当然不可能了，铸钱可没有想象中那么简单，受到材料、技术、工具等诸多条件限制，可不是普通百姓干得了的。而且，政府还有后招，他们在每个集市门口设有"验钞机"，拿来集市交易的钱币都需要先经过称量，符合要求的钱币才可以使用。当然，上有政策，下有对策，中国老百姓很有办法趋利避害，他们可以通过贿赂管验钞机的人，或是避免在正规的集市进行贸易等手段，将大量不合规的私铸钱币

拿来使用。就像一个民间笑话里讲的，某人无意中收到一张面值
十五元的假币，他费尽心思跑到一个十分偏远的地方，找店家买
了张一元钱的烧饼，正当他得意地觉得终于把假币花出去时，店
家给他找的零钱竟然是两张七元钱假币。

　　民间私铸钱减重愈演愈烈，其夸张程度简直"令人发指"，
这时榆荚钱应运而生。榆荚钱顾名思义就是钱币做得轻小如榆荚
一般，据说有的钱扔到水里能漂起来。其实，如前文中提到的，
当时钱币减重是适应商贸活动需求的必然之举。即使中央政府自
已铸的钱也在减重，例如著名的八铢半两。吕后统治时期铸行了
大批该钱，钱重八铢，但面文仍然为半两。

▲八铢半两（正面）　　　　▲八铢半两（背面）

　　面对秦半两钱面值过大，不方便使用的问题，汉朝政府始
终在摸索铸行什么重量的钱币最合适的问题，其间曾先后铸行八
铢钱、三铢钱、四铢钱等，直到汉武帝时期才最终得以确定。
五铢钱最终胜出，即钱重五铢、面值五铢。汉武帝元狩五年，
正式开始铸行五铢钱。前期五铢钱的铸行权在各个郡国，因此所

铸钱币史称"郡国五铢"。后来，汉武帝将铸币权收归中央，在上林苑设三官专司铸钱，铸行"上林三官五铢"。再后来，随着铸币技术的进步，又铸行了"赤仄五铢"。所谓赤仄五铢，简单来说就是经过净边加工的五铢钱。在此之前，铸造钱币时通常对浇铸过程中残留的浇口不做处理，从赤仄五铢钱开始，铸钱过程中会对浇口残留部分做打磨处理。五铢钱面背均有外郭，面文为"五铢"。其直径约为2.5厘米，重约3.5克。五铢钱一经推出便成为经典，自汉武帝元狩五年至唐高祖武德四年，前后铸行700余年，影响深远。

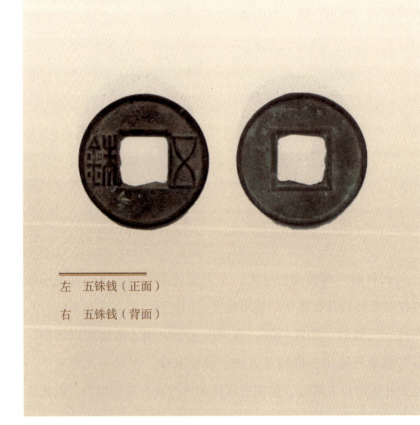

左　五铢钱（正面）

右　五铢钱（背面）

最豪横的赏赐

赏人，最豪横的赏赐是什么样的？赏一个印钞厂。没错，汉文帝就这么干的。相传汉文帝一天晚上睡觉的时候做了个梦，梦到他要成仙，梦里有个台子需要他爬上去，皇帝爬呀爬呀，就是上不去。这时候，有个黄头郎（专门为皇帝划船的人）过来推了皇帝一把，汉文帝终于成功登仙。汉文帝醒来之后，越想越开心，上天垂象，我这是有成仙的命呀。但是，这里面有个关键人物，就是那个成就自己的黄头郎到底是谁呢，如若没他扶一把，皇帝成仙这事还成不了。于是，汉文帝就悄悄地在宫里寻访。好巧不巧，还真让皇帝碰上了一个黄头郎，而且其长相、穿着都跟汉文帝在梦里梦见的一模一样。汉文帝难掩兴奋，忙上前询问黄头郎的名字。这个被天上掉下来的馅饼砸中的幸运儿嗫嚅道：邓通。文帝一听，不由得心花怒放，这个名字好啊，邓通，登上去就通！果然是天赐之人啊。

于是乎，邓通就这么一步登天，成功躺赢。从此邓通成了汉文帝的宠臣，锦衣玉食不尽，富贵荣华无边。可有一次一位相士给邓通看面相，那人竟说看邓通的面相将来一定是贫病而死。还没等邓通说话，文帝先恼了。朕的宠臣，最后要贫病而死？那好，授人鱼莫如授人以渔，干脆赏他个印钞厂。汉文帝竟赏给邓通一座铜山，这下邓通真是富可敌国了，回家开矿！铸钱！此后，汉文帝驾崩，汉景帝登基。所谓一朝天子一朝臣，景帝十分厌恶邓通，将邓通抄家，贬为庶人，邓通最终真的贫病交加而死。

在金属铸币的时代，谁掌握金银铜矿的所有权、开采权，谁无疑就拥有了睥睨天下的筹码。汉初发生的吴楚七国之乱，吴王刘濞之所以能成为反叛势力的头领，就是因为他的封国内有铜矿。他大量铸行钱币，为后来的造反奠定了经济基础。其后的汉代皇帝汲取这个惨痛的教训，到汉武帝时逐渐将铸币权全部收归中央，再不允许民间私自铸币。当然，后来随着汉朝的衰微，民间私铸之风又再次兴起。

二、丰满理想下的四次改革：王莽货币

王莽与宋徽宗被古钱币界誉为"钱法二圣"，是说这两个人铸行的钱币都十分精美，手法独特，艺术价值极高。王莽在历史上颇受争议，无论他的篡汉之举，抑或是他推行的一系列改革新政，都饱受非议。甚至有人据此戏称王莽有可能是现代人穿越去了汉朝。在王莽推行的诸多奇葩政策之中，其铸钱政策花样百出，尤为引人注目。王莽在他执政的十几年时间里，先后推行过四次大规模的货币改革。

第一次货币改革发生在西汉末子婴居摄二年，此时王莽以外戚身份把持朝政，尚未篡汉。该年他推出了三种新钱，分别是

"一刀平五千""契刀五百"和"大泉五十"。"一刀平五千"钱，钱币面文为"一刀平五千"，其身如刀币，其首如圆钱，整体外观颇像现今的钥匙。民间称之为金错刀，该钱铸造得尤其精美，文字隽秀，名贵古雅，被誉为"钱绝"。金错刀在青铜铸币上又以错金之法镶嵌金丝"一刀"二字，此钱使用的错金技艺十分高超，所镶金丝竟然历经千年不会脱落。金错刀因其制作奇美，备受世人推崇，到后来甚至成为男女间定情的信物。东汉著名文学家、科学家张衡（没错，就是发明地动仪的那位大神）曾有诗言："美人赠我金错刀，何以报之英琼瑶。""一刀平五千"的用意是一枚这样的金错刀抵值五千枚五铢钱，当时规定一斤黄金折合一万枚五铢钱，因此两枚金错刀便可换取一斤黄金。所以，金错刀的铸行实则是王莽以虚值大钱套取、挤兑民间黄金的掠夺之举。金错刀一般长6.9～7.3厘米，重20～24克。

一刀平五千

　　"契刀五百"是与"一刀平五千"形制类似的钱币，面文为"契刀五百"，意为一枚契刀币折合五百枚五铢钱。此钱重约16.4克，长6.9～7.3厘米。

▲契刀五百

　　"大泉五十"为圆形方孔钱，制作规整，意为每枚钱币折合五十枚五铢钱。

▲大泉五十

王莽推出虚值大钱，恰恰反映出他对金融、货币法则的一窍不通，简直是虎狼操作。一刀平五千就因为镶嵌了一点点黄金上去就要价值五千枚铜钱；契刀五百不过是普通的铜钱，也被硬性规定可换五百枚铜钱；比普通五铢钱略大的大泉五十硬要相当于五十枚五铢钱。王莽此举就是对民间财富明目张胆的掠夺。

　　王莽篡汉后，于新朝（王莽建立的王朝）始建国元年进行了第二次货币改革。对于这次货币改革，民间传说是源于王莽非常迷信的谶纬之学。据说有人劝谏王莽，铸行一刀平五千、契刀五百不是什么好兆头。因为他篡夺的是老刘家的天下，"刘"（繁体字为劉）字拆开是卯、金、刀三个字，王莽铸行刀币恰好应了"刘"字中的"刀"相，这意味着刘家可能卷土重来，重夺天下。王莽听闻此言，连忙下令废除一刀平五千和契刀五百两款钱币。

　　始建国元年的这次改革中废除一刀平五千、契刀五百、五铢钱，除继续推行大泉五十外，新铸"小泉直一"钱币。小泉直一的意思就是一枚小平钱，重一值一，面文"小泉直一"，直径六分，重一铢。然而，小泉直一、大泉五十这个体系仅仅使用了一年。

右　小泉直一（背面）

左　小泉直一（正面）

　　始建国二年王莽开启第三次货币改革，这次货币改革可以称得上是"异彩纷呈"，乱七八糟。他推出了所谓的五物、六名、二十八品的复杂货币体系。五物是金、银、铜、龟壳、贝壳；六名是指六种货币体系，即金货、银货、龟货、布货、贝货、泉货；二十八品指由上述五物六名产生的二十八种不同材质、不同面值的钱币。王莽自鸣得意，自认为这套钱币体系设置得环环相扣、百无遗漏。可实际情况却与设想大相径庭，一方面，此次发行的货币中有很多虚值大钱，这些钱的推行直接刺激了通货膨胀，导致货币迅速贬值；另一方面，在交易过程中使用二十八种钱，钱种间的兑换率极其烦琐，老百姓被这些规定搞得晕头转向，使用非常不便，民间怨声载道。国家金融体系因此极度混乱，全国上下一片乌烟瘴气。

　　此次货币改革中较有特色的钱币是泉币和布币。泉币为圆形方孔钱形制，共推行了六种，即"小泉直一""幺泉一十""幼泉二十""中泉三十""壮泉四十""大泉五十"六种面值。

▲幺泉一十（正面）

▲幺泉一十（背面）

▲幼泉二十（正面）

▲幼泉二十（背面）

▲中泉三十（正面）

▲中泉三十（背面）

▲壮泉四十（正面）

▲壮泉四十（背面）

　　王莽布币效法战国方足布币形制，首部铸有圆孔，分为："小布一百""幺布二百""幼布三百""序布四百""差布五百""中布六百""壮布七百""第布八百""次布九百""大布黄千"。

　　古钱界总称之为"六泉十布"。

左　小布一百（正面）

右　小布一百（背面）

左　幺布二百（正面）

右　幺布二百（背面）

左　幼布三百（正面）

右　幼布三百（背面）

▲序布四百（正面）

▲序布四百（背面）

▲差布五百（正面）

▲差布五百（背面）

▲中布六百（正面）

▲中布六百（背面）

▲壮布七百（正面）

▲壮布七百（背面）

▲第布八百（正面）　　　　▲第布八百（背面）

▲次布九百（正面）　　　　▲次布九百（背面）

▲大布黄千（正面）　　　　▲大布黄千（背面）

六泉十布因版别较多、存世量较少，成为古钱收藏界的宠儿，许多著名古钱收藏家终其一生都无法将这十六枚钱币集齐。因此，从某种意义上而言能否拥有全部十六枚六泉十布藏品，成为判定一名古钱币收藏家"成色"的"试金石"。

王莽第三次货币体制改革导致金融市场的巨大混乱，面对极其严重的通货膨胀和经济困境，王莽寄希望于新的货币改革。他于天凤元年开始了第四次货币改革。在此次货币改革过程中，废除大小泉，铸行新币，就是货泉和货布。货泉是圆形方孔钱，铸造精美，钱重5铢，面文字体为悬针篆，具有极高的艺术价值。一般大者直径约2.4厘米，小者直径约1.5厘米。

货布形制与王莽之前铸行的"十布"类似，面文仍为悬针篆体，一般长5.5～5.8厘米，重25铢。

部分历史学者认为王莽第四次货币改革废除小泉直一、大泉

▲货布（正面）

▲货布（背面）

▲货泉（正面）

▲货泉（背面）

五十，才算真正具有积极意义的货币改革。或许王莽此时也认识到他之前的三次币制改革是南辕北辙，直接造成了整个金融系统、货币系统的严重混乱。但是，历史留给王莽的时间已经不多了……不久之后，丧钟敲响，绿林赤眉大起义爆发，王莽和他的新朝一起覆灭于农民起义的战争中，化为历史尘埃中的一粒。

当起义军攻破长安时，竟然在王莽的宫中发现黄金60万斤！王莽始终标榜自己所做的一切都是为了天下苍生，是为了救济天下百姓，可是这60万斤的黄金"赃款"真是啪啪打脸。从百姓那里搜刮了这么多的黄金，还要说是在救百姓吗？

除此之外，还有两种钱币也被认为是王莽时期铸行的，一种叫做"布泉"，另一种叫做"国宝金匮直万"。

布泉钱从铸造工艺及其面文特点，基本可以确定也是王莽时期的货币。布泉钱型典雅，形制圆形方孔，面、背均有内、外郭，文字同为悬针篆字体。一般直径约2.5厘米，重约3.4克。

左　布泉（正面）

右　布泉（背面）

国宝金匮直万钱真是当之无愧的国宝。据史料记载，清末陕西曾出土两枚，一枚流失海外，另一枚现为中国国家博物馆收藏。国宝金匮直万形制特殊，上为圆形方孔钱篆体对读"国宝金匮"四字，直径约3厘米。下部呈正方形，边长为2.8厘米，面文"直万"，意为此钱一枚价值一万枚五铢钱。对于国宝金匮直万的性质，史学界尚有争论，有人认为应属试铸币，且并未流通；也有人认为当属镇库钱，同样非市面流通品，就是放在金库当中镇库的宝物。

▲国宝金匮直万拓本

钱币门禁卡

根据历史学者考证，布泉钱在当时除了流通使用外，还有一个重要的作用，即充作门禁卡。彼时政府规定，要进入市场进行交易，必须携有布泉钱才允许入市场。此外，六泉十布中最大面值的"大布黄千"

▲大布黄千

也具有门禁卡的功能。当时政府规定任何人如果想使用国家驿站（公款住宿），则必须持有大布黄千。这大布黄千俨然比某某单位工作证、介绍信效力强得多，有了它就可以随时来一场说走就走的旅行，关键是无论走到哪儿都能享受公款接待。

古钱币与谶纬之学（一）

什么是谶纬之学？谶纬之学简单来说就是一门通过某些特殊手段预测、预示、预知未来的学问。谶纬之学源远流长，洎至汉代，上到皇帝、达官贵人，下到普通老百姓，都非常迷信这种谶纬之学。在举世崇尚推演、预测、预示的时代，万事万物都可能被作为预测的媒介加以各种附会。钱币作为人们日常生活中密不可分的物品，也与谶纬之学产生了千丝万缕的联系。甚至有些钱币在谶纬之学的视角下，曾经预示了天下大局的走向。

东汉开国皇帝刘秀，常被视为汉朝的中兴之主，正是他的横空出世，使得汉朝兴灭继绝，最终得以延续。西汉被王莽篡夺后，政治混乱，苛政不断，民不聊生，最终导致绿林赤眉大起义爆发，天下更加混乱。其间，刘秀异军突起，经过艰苦的战斗，终于重建汉朝，历史上称之为东汉。刘秀在建立东汉之后的很长一段时间内并没有铸行钱币。那么，汉朝重建为什么不铸行钱币呢？至少应该恢复西汉的五铢钱制度吧？究其原因，当时市面上流通着大量王莽铸行的货币，而王莽作为中国历史上著名的铸币专家，他做的钱币非常精美、工整，其中的一些标准钱颇受民间喜爱，百姓乐用。这当中货泉钱尤其受到欢迎，刘秀更是对其情有独钟。因为刘秀同样非常迷信谶纬之学，他认为篆书的"货泉"两字拆解开是"白水真人"四个字。刘秀正是发迹于南阳白水乡这个地方，因此他认为"白水真人"四个字，应当解读为白水要出一个真命天子，这恰好应对在自己身上。所以，刘秀对王莽铸行的这款预示了自己天命所归的货泉钱非常看重，乐见其用。甚至有学者认为，刘秀称帝后很长一段时间，未铸行西汉的五铢钱，而是铸行货泉钱。

除此之外，与谶纬之学有瓜

▲货泉

▲四出五铢（正面）

▲四出五铢（背面）

莴的古钱币还有很多，例如东汉末年汉灵帝铸行的四出五铢钱。诸葛亮在《出师表》一文中曾言："先帝每与臣论及于此，未尝不叹息痛恨于桓、灵也。"可见，在东汉末年三国时期，人们已经普遍认为东汉的灭亡与汉桓帝、汉灵帝的软弱无能脱不了干系。

汉灵帝时期，曾铸行了一种名叫四出五铢的钱币，它的面文仍然是五铢，但是它的背面却多了一些变化。以往铸行的钱币背面均为空白，古钱币界称之为"光背"，四出纹是指钱币内穿的四角各放射出一条线，此线一直连通至外郭。与之类似的还有一种，是从内穿四个角放射出的线条没有连到外郭上的，被称为四决纹。汉灵帝时期的四出五铢钱铸行较为粗糙，直径约为2.5厘米，重3.3~3.6克。

汉灵帝时期突然出现在市场上的四出五铢钱，很快便引发民间谣言四起。百姓议论纷纷，皆言这四出五铢预示着汉朝王气四散，国运即将终结。果然，不久之后爆发的黄巾起义深深撼动了东汉统治根基，此后国家陷入群雄割据、攻伐不断的乱世，直至灭亡，汉朝果真"王气四散"……

第三章

三国至隋朝钱币

一、东汉末年分三国

"东汉末年分三国，烽火连天不休……"东汉末年的大乱，从黄巾起义开始，延续到三家归晋，持续了近百年的时间，国家残破，民不聊生。曹操曾在《蒿里行》中言："白骨露于野，千里无鸡鸣。生民百遗一，念之断人肠。"生在乱世的百姓，命如蒿草，在屠戮纷仍、天灾不断中艰难存活。陈文德在其所著《曹操争霸经营史》中有载"是岁，谷一斛五十余万钱，人相食，民反叛"。同时，由于征伐不断，各个割据政权纷纷铸行货币以应对沉重的经济负担。天下三分魏蜀吴，我们就按照魏、蜀、吴来分别说一说他们是如何铸钱的。

曹魏政权在相当长一段时间里并没有进行铸币，仍然延用以前的旧钱，即五铢钱。除此之外，曹魏还将谷物、丝帛作为货币使用，直到魏明帝时期才开始铸钱，铸行的仍旧是五铢钱。曹魏始终觉得自己的天下是汉献帝禅让而来，是承接东汉的国祚，理应被尊为正朔，因此直接在东汉的基础上继续铸造五铢钱。曹魏货币的一个特点是"压五压金"，即曹魏铸行

▲曹魏五铢

的五铢钱外郭向内侵占挤压"五"字和"铢"字的金字边，这成为判断曹魏铸行五铢钱的一个重要依据。

三国之间战事频仍、攻伐不断，谁都缺钱，只是"各村有各村的高招"。曹操曾设立摸金校尉和发丘中郎将，找死人要钱，"国营盗墓"。

唐代诗人刘禹锡曾在《蜀先主庙》一诗中说刘备"势分三足鼎，业复五铢钱"。在铸钱这事上刘备自己动手，丰衣足食。蜀汉其实在其政权正式建立之前，刘备攻入成都之后，就已铸钱。刘备铸行的钱币为直百五铢。直百五铢钱的特点是内穿上下对读为"直百"两字，内穿右左仍然是"五铢"两字，意思是一枚直百五铢钱兑换旧钱（五铢钱）一百枚。政府发行这种虚值大钱必然会导致通货膨胀、金融混乱，但对刘备而言却是不得已而为之。在魏、蜀、吴三国当中，蜀的国力最弱，经济实力远不如其他两国强大，铸行大钱实属无奈之举。直百五铢钱大小轻重不一，直径为2.6～2.8厘米，重8～8.9克。

左　直百五铢（正面）

右　直百五铢（背面）

蜀汉政权后期铸行的直百五铢钱进一步简化，钱文只保留"直百"两字，制作更为散漫。此外，蜀汉政权还曾经铸行过一些被称为"蜀五铢"的五铢钱。蜀五铢不太好区分，其中有一部分为传形。所谓传形，一般指钱币面文位置颠倒。蜀五铢中有一部分传形钱，就是"五"字在内穿左侧，"铢"字在内穿右侧，与通常见到的五铢钱恰好相反。

东吴铸行的钱币，可以说是把虚值大钱做到了极致。吴国铸行了"大泉五百""大泉当千""大泉二千""大泉五千"。看到"大泉"有人会误以为又是王莽的钱币，其实王莽所铸大泉钱仅是面值五十。面值五百、一千、两千、五千的大泉钱都是东吴的"杰作"。其实，三国中东吴的经济也不强，江南地区的开发是从东吴开始的，所以经济刚起步的东吴实则是蛮荒烟瘴之地，同样不得不发行虚值大钱，以解近渴。

大泉五百于孙权嘉禾五年铸行，直径约为2.9厘米，重约7克。大泉当千铸行于孙权赤乌元年，大者直径约为3.8厘米，重约14.5克；小者直径约为2.5厘米，重约3.5克。

▲大泉当千（正面）　　▲大泉当千（背面）　　▲大泉五百（正面）　　▲大泉五百（背面）

东汉末年还出现了一种叫做"太平百钱"的钱币，此钱还有变种叫"世平百钱"。此钱为谁所铸，曾长期存在争议，目前大部分人认为该钱可能是张鲁占据汉中时期铸行的。中国历史上唯一一次出现的政教合一的政权，便是张鲁政权。张鲁祖父张道陵就是道教正一派天师道（又称五斗米道）的创教人。后来，张鲁在汉中成为割据军阀，将世俗政权与五斗米道结合，形成政教合一政权。张鲁既是行政一把手，又是宗教教主。因为太平百钱带有很多明显的私铸钱、花钱的特点，因而被认为是一种宗教钱，加之出土主要集中于汉中、四川地区，因此判断此钱极可能是张鲁道教政权所铸行的钱。太平百钱直径2.5～2.9厘米，重者5～6克，轻者3.2～3.5克。

太平百钱

道教嚆矢

东汉末年由张道陵创立的"五斗米道"和由张角创立的"太平道"，都是利用符箓咒水辟邪驱鬼，通过静思静养为人治病的朴素宗教，因而在底层社会劳动人民中影响逐渐扩大。"五斗米道"教义中具有某些团结劳动者反抗官府，同时相互救济的积极因素，因此被统治者诬称为"米贼"。而"太平道"则以宗教的组织形式，利用宗教影响力发动了汉末著名的农民大起义——黄巾起义。

"五斗米道"的创始人张道陵为东汉顺帝时人，原籍江苏丰县，客居四川，学道于鹤鸣山（或作"鹄鸣山"，相传在四川大邑县境内）中，自称"天师"（后被尊称为"张天师"，"五斗米道"也因此被称作"天师道"），借托太上老君口授，造作"道书"，传授道徒。据《后汉书》《三国志》等史料记载，因为受道者加入教团需上交五斗米，所以该教被人们称为"五斗米道"。又因该教首领为人治病，痊愈后病家要出五斗米，所以被称为"五斗米师"。张道陵死后，其子张衡继续传教行道，张衡死后又由其子张鲁继之。经过张道陵到张鲁三代人的不懈努力，五斗米道教团不断膨胀，影响力持续壮大。通过与地方军阀势力的结合，五斗米道在川北、汉中等地站稳脚跟。据《三国志·张鲁传》载，张鲁"雄踞巴汉垂三十年"，影响巨大，由他控制的汉中政权，实行政教合一体制，"不置长吏，皆以祭酒为治"，以宗教组织治理民政，是中国历史上仅见的政教合一割据政权。

二、南北朝钱币珍品选介

北朝部分选介

从奴隶到皇帝

十六国时期，北朝后赵皇帝石勒可谓乱世英雄的楷模，他的发家史、奋斗史激励了无数人。朱元璋是由乞丐和尚一步一步奋斗到开国皇帝，而石勒最初的身份甚至比朱元璋还要卑微，因为他曾经是一名奴隶。

石勒不识字，是个文盲，但他善待读书人。史书记载，他行军打仗的时候，一直让周围的人给他读书。《春秋》《史记》《汉书》都是他非常喜欢听的书，他不仅听书还经常做出一些富有个人真知灼见的评论。石勒称帝之后，开始铸行丰货钱。丰货钱是中国历史上第一个使用吉语的货币，人们通常将"丰货"解释为"丰富的钱财"。

丰货钱铸行之后，在民间颇受欢迎，人们对其偏爱有加，称之为"富钱"，认为预示吉祥。百姓传言家里如果能收藏一些丰货钱，就可以保佑自家门楣光耀、人丁兴旺。但实际上石勒的后赵政权并不稳固，而且一直处于纷繁复杂的战争状态中，可谓战事频仍，兵灾不断。因此，丰货钱的铸造并不是十分精美。石勒的后赵政权持续的时间并不长，到他的侄子石虎当政时期，由于残杀暴虐，后赵政权很快就灭亡了，因此丰货钱的存世量并不多。丰货钱直径约为3厘米，重2.5～3克。

丰货钱

与石勒相关的还有一些趣事。黄瓜这种蔬菜很早就从西域传入了中原，但最初它的名字叫做胡瓜，那怎么改名为黄瓜了呢？石勒称帝以后，非常反感别人说"胡"这个字，他认为这是对他以及后赵的侮辱。有次他请大臣吃饭，故意问在场的大臣桌上这个菜叫什么，大臣反应极快，临场表现完美，大声回答：黄瓜。从此以后，胡瓜就被叫做黄瓜了。

杀人狂魔也铸钱（一） 赫连勃勃

说到这个题目，我们会想到两点：第一这个皇帝是个杀人狂魔，第二他还铸行了货币。按照这个标准来衡量，有些杀人狂魔就无法提及了，例如唐末的黄巢。相传，黄巢这个杀人狂魔，在占领长安之后搞了许多巨型石臼，然后把抓获的长安周边老百姓直接放在石臼里捣碎，以这种肉酱作为军粮发放给手下士兵，所以黄巢的士兵真称得上是虎狼之士，因为他们毫不掩饰地吃人。但是，黄巢这个不折不扣的杀人狂魔虽然也称帝建国，却并没有铸钱，因此他就不能在我们这个话题中了。

南北朝时期，北方曾建立过一个政权——夏国，或叫大夏，它的创始人就是一个臭名昭著的杀人狂魔——赫连勃勃。赫连勃勃是匈奴人，他的发家史与乱世中崛起的枭雄们颇为一致，靠着拳头硬、胳膊粗，慢慢站稳脚跟。他跟随建立汉赵的刘渊征战，逐渐累积起自己的功绩，随着实力的增长，最终抓住机会自立，称王称帝，他建立的国家就是大夏。据说，赫连勃勃每天手边必须放着刀和弓箭，一不高兴，随时拿起来杀人。他上朝的时候，哪位大臣要是敢斜眼看他，会立刻被拉出来挖掉眼睛；对于无故发笑的人，则会被割掉嘴唇；那些劝谏他的人会被拔掉舌头，然后再被枭首。

▲大夏都城统万城遗址

称帝后的赫连勃勃倾其全力修建了自己的都城——统万城，他对此的解释为：统万城取的是"统一天下、君临万邦"之意。修建统万城时，赫连勃勃制定了极度苛刻的政策，每建好一段，就命人去检验工程，用铁锥去刺墙，如果铁锥扎进城墙一寸，就把筑城的工匠立刻杀死，还要把他们的尸体筑到城里去，可谓残暴至极。不仅如此，赫连勃勃对于制作兵器以及其他器具，也用这种办法。每次验收兵器成品的时候，必定要杀工匠，他命令制作弓箭的工匠用他们制作的弓箭去射制作铠甲的工匠们生产的铠甲，如果弓箭射不透铠甲，就把制作弓箭的工匠杀掉；如果射透了，就把制作铠甲的工匠杀掉，所以被他杀掉的工匠成千上万。但正因如此，大夏国生产的兵器都非常精良。例如，大夏生产的环首大刀，被冠以"大夏龙雀"之名。此刀锋利无比，可以砍透多层铠甲，被誉为比肩干将莫邪。赫连勃勃就是用这种嗜杀、高压的手段进行统治，他在铸钱方面也使用这种非常恶劣、非常凶残的手段，所以他铸造的钱十分精良，也成为后世古钱币收藏中的珍贵藏品。但这藏品背后却

▲大夏真兴钱

是无数工匠的血泪与性命，睹物思故，令人唏嘘。大夏真兴钱，正面为"太夏真兴"四个字，"太"字与"大"字相通，所以太夏就是指大夏。大

夏是国号，真兴是当时的年号，因此"大夏真兴"钱还是中国历史上第一款同时具有国号和年号的钱币。

西域地区古钱币系列（一） 汉佉二体钱

汉佉二体钱是新疆地区的第一款钱币，又被称为和田马钱，此钱非同一般，背后故事颇多。汉佉二体钱最早被发现是20世纪初，当时大量的欧美探险家进入中国西部地区进行探险活动，探险家们在探险的过程中曾多次发现汉佉二体钱。其中收集该钱最多的是斯坦因（著名的文物贩子、文物大盗），他个人就收集了187枚汉佉二体钱，其收藏品现在全部为英国大英博物馆馆藏。

曾经在相当长的一段时间里，人们并不清楚汉佉二体钱的情况，它是何时所铸？又是何人所铸？近世，随着资料研究和考古发现的深入，越来越多的学者通过细致钻研，抽丝剥茧，终于使得该钱背后的故事渐渐清晰，慢慢呈现在世人面前。汉佉二体钱正面为汉字，背面为佉卢文。汉字一面的文字为"重廿四铢铜钱"，也有人认为应读为"铜钱重廿四铢"。该钱钱文为环读方式，因断句方法不同，语序稍有差异，但所表达的内容一致，即此钱重二十四铢。此外，还有一种小面值的，面文汉字为"重六铢"，即钱重六铢。

佉卢文是古印度的一种文字。佉卢，人名，据佛教所传是佉卢文的创始人。佉卢文横书左行，属塞姆语系的阿拉米文系统，公元前5世纪到公元3世纪盛行于印度半岛西北部，为当地百姓使用的一种俗语。当时与这种俗语并行的还有一种雅语，即大名鼎鼎的梵文。佉卢文后来逐渐被梵文取代，慢慢消弭，最终成为一种死文字。佉卢文曾传入中国新疆地区，当时新疆地区的于阗国就使用这种文字，于阗国位于今天新疆和田地区。汉佉二体钱佉卢文部分被解读为"众王之王"或"王中王"，这种表述是典型的希腊马其顿时代的表述方法，是亚历山大大帝东征对中亚造成的文化影响。

▲汉佉二体钱

汉佉二体钱被认为是我国新疆地区首款本地货币，关于它的铸行时间同样存在争议，有人推测可能是在西汉张骞出使西域之后，也有人认为可能始于东汉班超征服于阗国之后。张骞通西域之举史称"凿空"，从此联通了中原地区与西域（新疆）的交流之路。无论是张骞通西域，还是班超经略西域，都使得汉朝的巨大影响力和管理体系在西域地区慢慢建立起来。汉佉二体钱正是在汉文化的巨大影响下出现的，它的钱文使用中国汉字，并采用了铢两制的计重方式。同时，它使用佉卢文以及"众王之王"之类的表述方式，深刻体现出东西方文明在这一时期、这一地区的交融。

该钱背面各种文化元素彰显了自中亚传过来的希腊马其顿文化的影响，而且此钱背面马和骆驼的形象，也明显带有西方钱币的特征（西方钱币通常会使用一些动物图案、人物形象）。汉佉二体钱的材质是铜，但它的制作方式却与中原截然不同。中原制钱使用的是铸造法，即铸造钱币。而西北地区乃至中亚，则使用打制法制作钱币，即在铜片或银片上手工打制文字、图像、花纹，从而制成钱币。

西域地区古钱币系列（二）　龟兹五铢

我国新疆地区铸行的古钱币中，同时使用汉字和少数民族文字的钱币在历史的长河中曾多次出现，再如汉龟二体钱。乍听到这个名字，对古钱币有所了解的人可能会觉得有些陌生，但它

▲龟兹五铢

的另外一个名字就比较为人熟知了——龟兹五铢。龟兹五铢铸行的时间大约在南北朝时期，其正面几乎与当时中原使用的五铢钱一样，铸有"五铢"两字，背面穿孔上下则是两个符号或文字，据推测，这很可能

就是已失传的龟兹文。

龟兹是古代西域的一个国家。位于今天新疆库车一带，龟兹五铢是以当地出产的红铜（铜含量较高）铸造，铸造质量平平，这也是新疆地区铸钱的通病。龟兹五铢最重要的一次出土是在20世纪80年代新疆库车，一次出土了一万余枚，这也进一步印证了该钱在当地铸行的推断。龟兹（库车）铸钱的传统自此而开，至唐代孕育出安西都护府自行铸钱以筹军饷的悲壮之举，此留作后话。

三武一宗灭佛及此时期铸钱情况（一）

中国历史上曾发生过四次大规模的灭佛运动，佛教称之为法难。所谓灭佛运动，就是世俗政权通过行政手段对佛教进行严酷的打击。佛教自东汉初年传入中国后，经历了一段沉寂期，到南北朝时期，发展到了一个高峰。如诗所言："南朝四百八十寺，多少楼台烟雨中"，从侧面反映出当时佛教在中国的迅速膨胀和快速发展。随着佛教势力的不断壮大，它与世俗政权的矛盾也变得越来越尖锐。首先，佛教的寺庙占用了大量的土地，导致国家耕地不足。其次，佛教占有的良田，其收获品不向国家上交。再次，僧人们还享有免除兵役、徭役的特权。随着教团规模的极速膨胀，佛教势必侵占国家利益，一旦需要打仗，兵源、军饷锐减，更加激发了统治者对佛教的不满，必欲除之而后快。所以，中国历史上著名的三武一宗（北魏太武帝、北周武帝、唐武宗、后周世宗）灭佛运动几乎都与此有关。

首先，来聊聊北魏太武帝拓跋焘灭佛。他当时正在发动旨在统一中国北方的战争，自然对兵源、军饷这些大问题分外关注。此外，拓跋焘本人的信仰倾向于道教，因而对佛教颇多微词。因此，基于现实的政治和军事需要，以及皇帝本人的宗教倾向，拓跋焘对待佛教的态度就不言而喻了。恰在此时，陕西地区的胡人盖吴发动叛乱，太武帝亲征讨伐。但在拓跋焘亲征的过程中，他发现叛军队伍中竟然有一些僧侣。同时他还发现，当时的一些寺庙里竟然私藏兵器。此后不久，拓跋焘就颁布圣旨，扬言要"尽诛天下沙门，拆毁诸佛像"。北魏太武帝发动的这场灭佛运动进行得轰轰烈烈，效果显著。据史料记载，运动中没收的寺庙达到四万余座，而被勒令还俗的僧侣竟然有上百万人。

关于北魏铸币，其中比较有名的为两款，一是孝文帝时期铸行的太和五铢，一是孝庄帝时期铸行的永安五铢。那么北魏在太武帝统治时期是否也有铸钱呢？笔者认为很可能是有的，只是所铸为普通五铢钱。众所周知，五铢钱铸造的时间非常长，铸造的量非常大，北魏太武帝铸造的五铢钱，极可能混杂在历代五铢钱之中，无法区分而已，不得不说这是一个小小的遗憾。

再说三武一宗中的第二位牛人——北周武帝宇文邕。宇文邕同样是一位具有雄才大略的皇帝。他在继位之初受到权臣宇文护的压制，甚至可以说是胁迫。宇文护权倾朝野，在拥立宇文邕之前，他已经杀掉了两个皇帝，堪称史上最强屠龙刀。为了活命，宇文邕在继位之初表现得唯唯诺诺，在宇文护面前绝对是言听计从，模范乖宝宝。宇文邕就这样韬光养晦，整整隐忍了十二年。最终，宇文邕准确把握机会，手刃仇人，成功夺权。

宇文邕亲政后推行了一系列改革措施，使北周迅速强大起来。之后，他对外用兵，灭掉北齐，统一了中国北方。正当宇文邕踌躇满志，将目光投向南方羸弱的陈朝，准备一统天下时，天不假年，宇文邕竟突然暴毙，成为又一位出师未捷身先死的英武帝王。心怀统一天下目标的宇文邕同样进行了大规模的灭佛运动，并提出"求兵于僧众之间，取地于塔庙之下"，明确揭示出中国古代历次灭佛运动的实质。在他积极灭佛的时候，曾有僧侣劝谏说：像您这样打击佛教，将来是要下地狱的。宇文邕的回答掷地有声，他说："但令百姓得乐，朕亦不辞地狱诸苦。"宇文邕可谓用实际行动践行了"我不下地狱，谁下地狱"的"豪言"。

宇文邕统治时期铸行了两种很有名的钱币，一为布泉，一为五行大布。宇文邕铸行的布泉与王莽铸行的布泉面文相同，但字体不同。王莽布泉使用的是悬针篆书，而北周布泉使用的是玉箸篆体。北周政府规定布泉以一枚当五枚五铢钱使用，与五铢钱并行。此外，宇文邕铸行的五行大布钱使用的也是玉箸篆体，同样以一当五与五铢钱并行。宇文邕铸行的布泉、五行大布钱，与后来北周静帝铸行的永通万国钱并称北周三品，是南北朝时期北方铸行的钱币中最好的三种钱，铸造精良，做工考究，钱币上的文字隽美，艺术价值极高。因此，这三款钱币在古钱收藏圈中，一直备受追捧。

▲北周布泉　　　　▲永通万国　　　　▲五行大布

南朝部分选介

钱如其人

　　南北朝时期，南方刘宋政权曾铸行永光、景和这两种钱。这两种钱的铸行者是刘宋著名的残暴昏君废帝刘子业。这个刘子业真可谓斑斑劣迹、臭名昭著，其荒唐、作恶之举罄竹难书，是一个彻头彻尾的心理变态。刘子业登基时才十六岁，在位时间不到一年，其间还改了两次年号，一为永光，一为景和，并以两个年号铸钱。因为每个年号的使用时间都只有数月，因此铸钱的量也很少。物以稀为贵，刘子业铸的这两种钱反而成了古钱币收藏中的珍品。

刘子业从小就是个混世魔王，因为不好好读书常常被他老爹训斥。这个恶少怀恨在心，等到他即位后，就翻他老爹的后账，竟然动了一个念头，要把他爹的坟刨了。此事最终因他周围的玩伴劝阻才告罢休，陪刘子业玩乐的人跟他说："刨坟这事不能干，因为刨了你爹的坟会影响了皇上您的运势。"刘子业觉得这话似乎有理，便放弃了刨坟掘墓的打算。但恶气难消，他组织了一票人跑到他爹坟前去闹，怎么闹？搞了很多的屎尿倒在他爹的坟上。这个刘子业还站在坟前破口大骂，单打独斗不过瘾，组团开骂，总算是出了口恶气。这是刘子业对他老爹干的事儿。那对他的母亲又如何呢？太后有次生病了，命人给皇帝传话，想让皇帝来看看自己。刘子业怎么说？"那哪能去呀，都说病人的房间里有好多鬼，我去那儿干吗？"传话的人回来禀告太后，把太后气得七窍生烟，跟周围的人说："给我拿把刀来，我要把我肚子豁开，看看我这是什么肚子呀，怎么生出这么个玩意儿？"这就是刘子业，凡是昏君的标准操作他一样都没落下。比如，淫乱后宫，稍有一些姿色的女人就弄到后宫里。而且这小子不忌讳，把他的许多表姐、表妹、堂姐、堂妹也都弄来宫中，甚至与他的亲姐姐山阴公主乱伦。

对待自家人如此，那对待文武百官又如何呢？刘子业对朝臣常常稍有不顺，立刻杀之，搞得满朝文武人人自危，上朝跟上刑场似的。皇帝今天高兴，杀！皇帝今天不高兴，杀！今天下雨，杀！今天刮风，杀！今天皇帝他三叔的小舅子的二姨崴脚，杀！刘子业恶贯满盈，终被他身边近臣拎刀砍死，死的时候才十七岁。

▲永光钱　　　▲景和钱

刘子业铸行的永光、景和钱，面文写得歪歪扭扭，且钱本身严重减重。当时社会仍在遵循五铢钱体系，钱重五铢，面值五铢，但刘子业铸行的钱却减重至二铢。此前曾提到政府发行虚值大钱会导致整个金融系统的混乱，同样，政府发行偷工减料、缺斤少两的小钱也同样会导致金融体系的混乱乃至崩溃。所以这两种钱一经投入民间，立刻引爆舆论。皇上带头诓骗百姓，那百姓也就有样学样。上有所好，下必甚之。史书记载，民间私铸之风盛行，私铸钱恶劣到入水不沉，触手即碎，就是扔到水里沉不了，手一碰就碎了。当时流传一句话，十万钱不盈一掬，就是两只手一次就能捧十万钱，尚且不满。可想而知，这些私铸钱轻到什么程度，小到什么程度，薄到什么程度。如果说钱如其人，那么永光、景和钱就像铸行它们的皇帝一样，劣迹斑斑，为人唾弃。

古钱币与谶纬之学（二）

南北朝时期，南陈的陈宣帝于其在位的第十一年开始铸行名为"太货六铢"的钱币。太货六铢铸造得非常规整，上面的篆书也十分漂亮，作为南朝铸造钱币中最精美者，被后世的古钱币收藏家们誉为南朝钱币之冠。但就是这款最棒的钱，却在当时引起了一场轩然大波。当南陈老百姓看到此钱后，谣言四起，人们疯传"太货六铢"四个字中的"六"字看起来像一个人在叉着腰哭，为什么哭？百姓说他是在哭天子。哭天子？那还能有什么好事，要么天子驾崩，要么王朝覆灭。果不其然，太货六铢铸行后不久，南陈就被隋朝灭掉，王

▲太货六铢（正面）

▲太货六铢（背面）

朝倾覆，落得个全民叉腰哭天子的结局。太货六铢一般重约3克，直径约2.5厘米。

盗铸与小钱

把一枚国家铸行的钱币凿掉外圈，一枚钱就这么一分为二了。凿下来的外圈被称为綖圈钱，剩下的钱币内芯则被称为凿边钱，又被称为女钱。解体后的钱币，旧时的豪强强说这要算两枚钱使用，于是如果你家中的财富是五百钱，那赶紧回家就就业业地去凿，凿完之后，家里财富秒变一千钱。此外，还有一种钱叫做稚钱，泛指那些制造粗糙，字迹模糊，甚至缺笔、变形的劣质钱币。也有人称之为榆荚钱，大小跟树上的榆荚差不多，其轻小可想而知。民间私铸钱币行为的泛滥无度，绝不是最高统治者愿意看到的，一旦国家稳定下来，政府势必对盗铸行为予以严厉打击，除了严惩盗铸者外，私铸钱会被大量收回，重新熔炼，铸造新钱。可惜花无百日红，国家终究会在治乱兴衰的循环中不断浮沉，每当国势衰微的时候，盗铸行为与私铸钱币又会像妖孽一样应运而生、群魔乱舞起来。

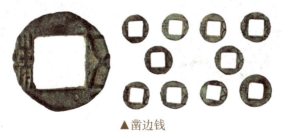

▲凿边钱

▲綖圈钱

个体甚小的古钱币中，有两个特殊者，一为三铢钱，一为沈郎钱。这两种钱虽小，但却为官家所铸。三铢钱是汉武帝在正式铸行五铢钱之前铸行的实验钱币，旨在尝试三铢面值是否适用于民间交易。铸行后发现该钱过轻，遂废止。因此，三铢钱因铸行时间短、存世量少，而受到古钱币收藏界的追捧。对于三铢钱的使用情况，学界亦有争论，有人认为该钱为冥钱，即随葬品；也有人认为该钱轻小的原因是汉武帝时期国家富庶，货币购买力强，因此三铢钱作为一种小面值钱流通于市场之上。

▲三铢（正面）　　　　▲三铢（背面）

沈郎钱又称沈郎五铢，是沈充铸行的货币。沈充在东晋政权建立之初为极具实力的一方豪强，并参与王敦之乱。王敦叛乱被东晋政权平定后，沈充也被打败并杀死。沈充

▲沈郎五铢

铸行的五铢钱很小，但却中规中矩，面文中的"铢"字没有金字旁，是该钱的最主要特征。沈郎钱通常泛青白色（因为其中锡的含量较高），长约2厘米，重1.1～1.6克。

三、隋炀帝与五铢白钱

春江花月夜

暮江平不动，春花满正开。

流波将月去，潮水带星来。

野望

寒鸦飞数点，流水绕孤村。

斜阳欲落处，一望黯销魂。

能写出如此情真意切、诗情隽永诗句的人想必内心一定是多情绚烂的吧。我猜大家一定想不到这两首诗的作者就是历史上臭名昭著的昏君、暴君、亡国之君——隋炀帝。通过这两首诗可以管中窥豹，一探隋

炀帝的内心。这是一个非常善于发现美的人，拥有一颗七巧玲珑心。一个善于发现美的人，他的内心一定常常充满了美。但是，这样一个人又是怎么落得被万人唾骂的下场呢？纵观隋炀帝的一生，他距离成为千古一帝仅仅一步之遥，但就这一步之遥，他却一脚踩空，落了个万劫不复。

隋炀帝是一位颇有抱负、很有作为的君主，没登基之前，还是晋王的他就曾是隋朝攻灭南陈军事行动的主要领导者、策划者、参与者之一。他在扬州做江南主管的九年里，把江南地区治理得井井有条。在其继位之初的大业初年，他也曾表现出一个有作为帝王的种种明断和善举，在文化建设上非常注重图书典籍的整理收藏，在政治体制上进行了很多有益的改革，曾经多次减免民间赋税钱粮，为老百姓减负。此外，对后世影响深远的科举制度就确立于隋炀帝统治时期。科举制度此后逐渐成为中国传统社会结构中极其重要的组成部分，曾长时间在中国的阶层社会中发挥着相当积极的作用。它使得处于社会阶层下层的智力资源可以由下向上流通，人才可以为国家所用，社会结构保持健康稳定。无疑，科举制在国家治理、人才选拔以及维持社会结构稳定过程中都发挥了积极的作用。除此之外，隋炀帝兴建东都洛阳，把洛阳建设成为当时世界上数一数二的宏伟都市，同样是大功一件。当然，说到隋炀帝的政绩，不得不提的还有修建大运河。曾经很多人认为修建大运河绝不是功绩，而是彻头彻尾的暴政罪恶，是遗臭万年的坏事。但事实上修建大运河功在当代利在千秋。它建成后即成为沟通南北最主要的交通方式，水路交通的效率高、成本低，在中国的南北沟通、经济的往来与发展上都发挥了积极作用。唐朝诗人皮日休曾写诗赞美、肯定大运河：

汴河怀古

尽道隋亡为此河，至今千里赖通波。

若无水殿龙舟事，共禹论功不较多。

在武功方面，隋炀帝曾御驾亲征向西攻破吐谷浑，把中国的版图扩展到青海，并进一步巩固了丝绸之路。这么看来，隋炀帝所为都是千古帝王要做的事情，他把这些帝王伟业几乎全部做完了，而且是在短短几年之内。假如隋炀帝的治国壮举就此打住，那么历史对他的评价一定是积极正面的。

可惜，千仞之山，功亏一篑。最终毁掉隋帝国，毁掉隋炀帝的是一场旷日持久、代价高昂的战争——征高句丽。第一次征高句丽，隋朝集结一百多万军队，两百多万民夫，谁知几乎被团灭。隋炀帝脆弱的玻璃心碎了一地，面子掉在地上成了粉。在前所未有的失败与打击面前，隋炀帝经过深思熟虑，决定东山再起！于是，政府逼着民工没日没夜地运送军粮物资，沿途倒毙的民工尸体头脚相枕；又逼着新招的士兵奔向辽东苦寒之地；逼着工匠夜以继日地打造战船，很多工匠因为长时间泡在水里，导致身上全部溃烂长蛆。征高句丽之举不是压倒骆驼的最后一根稻草，而是压倒骆驼的大山。国家被消耗得千疮百孔，终于狼烟四起，盗匪遍地，老百姓被官逼民反。当时民间流传一首诗，名叫《无向辽东浪死歌》，诗里唱道：不要去辽东送死啊，与其送死不如造反！这首当时的霸榜歌曲作者叫王薄，号称"知世郎"。

隋炀帝原本想建立千古第一大帝国，成为千古一帝，可惜却在追求梦想的道路上，因为步子迈得太大，闪了腰，最终落得国破身死。隋炀帝在其统治时期，铸行了五铢白钱，该钱铸造得十分考究，折射出隋炀帝的野心、抱负。隋朝铸行的五铢钱是五铢钱体系运转七百多年后的最后闪光，而这"回光返照"甚是亮眼。其实，隋朝在隋文帝统治时期及隋炀帝统治前期，维持了相当长一段时间国家的大一统和经济繁荣，所以隋代铸行的五铢钱相较于南北朝时期铸行的钱币，整体而言更精美，也更标准、规范，被民间所乐用。

隋五铢有两点特别之处。一是中间穿孔的右侧铸有一道内郭，而内穿的其他三个边上没有内郭，铸在右侧的内郭与"五"字相连，此为隋代五铢钱面文上的独特之处。二是颜色青白，尤其是隋炀帝铸行的五铢钱，相较于文帝五铢钱这一特点尤甚。为什么会这样呢？铸钱用的青铜是铜铅锡的合金，而隋炀帝铸行的五铢钱中铅和锡的含量较高，所以钱铸出来发青白色。今天，当我们看到一枚特点鲜明的五铢白钱时，自然会想到隋炀帝……波澜壮阔的历史滚滚向前，隋炀帝的故事早已终结，他在历史的深处叹息、劝告：奔向梦想的步子，不要迈得太大。

▲隋五铢（正面）　　　▲隋五铢（背面）

第四章 唐代钱币

一、开创新纪元——开元通宝钱

对历史有所了解的人第一次听到"开元通宝"时，可能自然而然会想到它是唐玄宗开元年间铸造的钱币。但实际上，这款钱币开始铸行的时间并非开元盛世，而在更早的唐初，国家草创、战乱未停之时。李渊父子晋阳（今太原）起兵后，于公元618年进入长安，立代王杨侑为傀儡皇帝。同年，隋炀帝在江都（今扬州）被杀，隋朝宣告灭亡。不久之后，李渊自立称帝，正式建立唐朝。唐朝建立之初，国家残破，百废待兴，民间通货膨胀极度严重，一斛米卖到八九万枚隋五铢钱。面对隋炀帝留下的烂摊子，国家重建、消灭割据、重振经济刻不容缓。李渊决定铸行新钱，彻底替代沿用700余年的五铢钱体制，于是开元通宝钱应运而生。唐高祖武德四年，唐朝正式铸行开元通宝钱，从此中国钱币制进入宝钱制模式，即以年号、国号、吉语加"通宝""元宝""重宝"之类的文字作为面文铸行钱币。宝钱制自确立之后，一直沿用至民国初年，成为此后1300余年间中国钱币形制的定制。开元通宝钱真的如它的名字一般，开创了一个崭新的纪元，贞观之治、开元盛世即将到来，中国人津津乐道、引以为豪的唐朝已经占据了舞台，接下来将是属于它的盛装舞步时间。同时，此钱由二十四进制到十进制的改革（此前一两相当二十四铢，自此一两相当十钱或十文），也为中国古钱币的发展开启了新的纪元。

皇帝轮流做，都是一拨人；皇帝不好做，人生悲剧多

提到唐高祖李渊，绝对堪称"我是传奇"。他出身关陇军事贵族的李家，从西魏时期便已是显赫非常的家族。李渊的爷爷李虎位列西魏八柱国之一，为西魏王朝立下赫赫战功，官拜太尉，被赐姓大野，所以李虎也叫大野虎。大野虎果然人如其名，打仗生猛，相当狂野。北周建立后，已经过世的李虎又被追封为唐国公，这个封号代代相传，到李渊称帝时，便定国号为"唐"。建立北周的宇文氏、建立隋朝的杨坚以及建立唐朝的李渊都是西魏所封八柱国十二大将的后人，关系盘根错节，都是亲戚，李渊与隋炀帝杨广就是表兄弟。因此，从西魏到唐朝，三个朝代均为关陇军事贵族集团所建，皇帝轮流做，皇位就在这群贵族间传来传去。隋末烽烟四起，天下大乱之时，虽然看起来是诸侯逐鹿，但冥冥之中皇位早有所属，必然花落关陇贵族之家，换言之，王世充、窦建德、刘黑闼们通通是陪跑而已。

有人说李渊最大的幸运之处便是会生，他的四个儿子个个是人中龙凤，简直就是专为乱世准备的一副王牌，李建成、李世民、李元吉，还有《隋唐演义》

里天下第一的好汉、猛将——西府赵王李元霸。正史之中，李元霸的原型是李玄霸，而且英年早逝，不曾手撕宇文成都（同样为《隋唐演义》虚构人物）。三锤秒杀裴元庆（原型为隋末名将裴行俨）。但李渊其他的三个儿子，尤其是二子李世民为唐朝的建立立下了不世之功，以至于人们往往觉得李渊的皇位得来的不费吹灰之力，简直是躺着中奖。但事实上，没有谁的成功是随随便便得来的，李渊的人生之路也颇为坎坷，他可谓集齐了古人常说的"人生三大不幸"：少年丧父、中年丧妻、老年丧子。李渊6岁时父亲去世；47岁时他的结发妻子窦氏去世；60岁时他的长子李建成、四子李元吉死于玄武门之变，同时被杀的还有他的十个孙子。

据《旧唐书·食货志》记载："开元通宝钱径八分，重两铢四参，积十钱重一两。"所谓的"八分""两铢四参"是多大、多重呢？根据现代实测，开元通宝直径2.4～2.5厘米，重约4克。"积十钱重一两"则是说，十枚开元通宝的重量就是一两。我们现在谈论重量时常说的一两等于十钱或十文，这种十进制的滥觞便始于开元通宝。十进制相较于前代的二十四进制（二十四铢为一两）更加便于换算，称得上是衡制（重量制度）的一大改进，

▲开元通宝

对后世影响深远。

　　有唐一代，开元通宝铸行不辍，唐中期以前铸行的开元通宝钱，制作精美，铜质纯净，轮廓平整。钱文"开元通宝"四字为初唐三大书法家之一的欧阳询所书，他在书写时将隶书和楷书巧妙融合，以隶书为主，显得颇为端庄大气。后世书法界、钱币界还专门给这种字体起名为"八分书"（如前所述，按当时的度量单位，开元通宝的钱径是"八分"）。因此，开元通宝颇具观赏价值，艺术水准很高。关于开元通宝钱的名称即钱文的读法，古钱币界亦存在争议，有人认为应当读为"开元通宝"，也有人读作"开通元宝"。两种读法从含义上都能自圆其说，又各有其史料依据，仁者见仁智者见智，究竟哪种读法正确，人们直到现在还争论不休。除此之外，道教中的一些道士会将此钱直接作为厌胜钱来使用，他们将"开元"二字释为：开运拓势，元亨利贞。道士们认为此钱能够为佩戴者带来好运并起到避除邪祟的作用。

　　开元通宝的铸造、流通时间长，铸造数量大。据史书记载，在唐玄宗天宝年间，全国每年铸钱使用铜料21200斤、白蜡31700斤、锡500斤。而由于全国多地都进行过铸造，各地所铸的钱在一些细节上多有不同，造成开元通宝钱的版式繁多：有的钱文纤细，有的钱文粗壮；有的"元"字第二笔较为平直，有的左端上挑、右端上挑或两端均上挑；有的背面光洁，有的背面铸有星月纹。据说曾有收藏家坐拥近3000种不同版式的开元通宝钱，却仍感叹未尽其全。

　　关于部分开元通宝钱背面的星月纹，坊间流传一个故事。当初开元通宝开铸前，样钱的蜡样被呈送给皇帝过目，文德皇后也一起观瞻，她拿蜡样时指甲在蜡样背面留下了一块月牙状的凹痕。铸钱部门拿到蜡样后，以为是皇后有意为之，于是有样学样，在此后铸行的钱币背面都加上了这个标记，古钱币界称之为月纹。但实际上，文德皇后指的是唐太宗李世民的妻子长孙氏，而当时在位的皇帝是唐高祖李渊。即使铸造钱币的蜡样呈送到宫中，后宫根本不可能参与此事，所以这个故事显然是杜撰的。此后，又有人修改了故事版本，说在开元通宝蜡样上留下指甲凹痕的不是唐太宗的皇后长孙氏，而是唐高祖的皇后窦氏。但这个说法同样立不住脚，因为唐高祖的妻子窦氏在李渊称帝前数年就已去世，其皇后称号是死后追封的。此外，还有版本称星月纹是唐玄宗的宠妃杨玉环留下的，宋代词人刘辰翁曾在其《虞美人》词中写道：当年掌上开元宝，半是杨妃爪。可见，宋人认为星月纹肇始于杨贵妃。

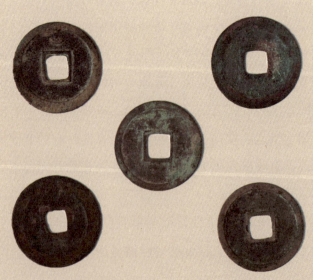

▲5枚开元通宝背面观，左上角一枚带月纹

关于星月纹的种种传闻，均被证明是无稽之谈，细究史料，学者们猜测开元通宝钱背面的月纹可能是铸钱工匠做的一种记号，但对于留下这种记号的目的又各有其解。有人认为是用于区分不同工匠的作品，以便明确责任，即所谓"物勒工名"的简化操作；也有人认为星月纹的铸行是为了标明不同地区、不同钱局；还有人提出，古罗马人曾经铸造过背面有星月纹的银币，公元6至7世纪的萨珊波斯也曾流通过带星月纹的银币，这两种银币都曾经出现在中国，因此开元通宝背面有月纹，可能是受到外来文化的影响所致。

二、金开元通宝钱

除青铜质地的开元通宝外，唐朝还出现过金、银、铅、铁、陶及鎏金等材质的开元通宝钱。金、银质开元通宝是当时宫廷中的赏赐钱，不是流通货币，因为铸造的少，所以存世量也很少；陶质的开元通宝则是冥币，仅用于陪葬；1987年在陕西扶风法门寺地宫中还出土过用玳瑁雕刻的开元通宝，推测应是礼佛专用。

金开元通宝钱分为纯金开元通宝与鎏金开元通宝，后者即在普通开元通宝钱上做鎏金处理。这两种钱具体又是做什么用的呢？一般是在皇室中用于一些特殊的庆典，或者是在年节时作为赏赐钱来使用的。按当时皇家惯例，每逢喜庆常有撒金银钱助兴的环节，据《旧唐书·玄宗纪》记载，先天二年（公元713年）九月，唐玄宗在承天门大会百官，"令左右于楼下撒金钱，许中书门下五品以上官及诸司三品以上官争拾之。"中唐诗人张祜在

《退宫人》一诗中写到了这件事：开元皇帝掌中怜，流落人间二十年。长说承天门上宴，百官楼下拾金钱。

作为宫廷赏赐，金开元通宝的背后有许多有趣的故事。唐玄宗的宠妃杨玉环曾经收过一个干儿子，就是众所周知的安禄山。民间有三日洗儿的传统，就是在孩子出生后的第三天，给新生儿清洗身体。杨贵妃收下安禄山这个干儿子后也如法炮制，于第三天在皇宫中举行了盛大的洗儿仪式。她命宫女们用各种丝帛彩带将安禄山裹成了大蚕宝宝，然后抬进宫中。唐玄宗也跑来凑热闹，围观这一盛况。当时为了应景，唐玄宗将大量的金开元通宝钱，赏赐给当时在场的人。贵妃洗儿一度成为佳话，在长安广为流传。可惜，杨玉环这个干儿子不是什么省油的灯，他身兼三镇节度使，却拥兵谋反，发动了震惊全国的安史之乱。八年的安史之乱，不仅使得唐朝由盛转衰，甚至使整个中华民族的道统、文脉、气度都发生了剧烈的转折。杨贵妃的这次洗儿可谓亘古绝今，她收的这个干儿子不但把唐朝推向了衰落的深渊，也使杨贵妃最终死于非命。无疑，贵妃洗儿这场表演由最初的喜剧变成一场闹剧，最终嬗变为一场悲剧。

鎏金开元通宝

三、因旷世盛典而生——乾封泉宝钱

乾封泉宝是唐代第一枚以年号为面文铸行的钱币，发行于乾封元年（公元666年）。乾封是唐高宗的第五个年号。而提起唐高宗就自然想到他的妻子、中国古代史上的一位杰出女性：女皇武则天。乾封泉宝的铸造，被认为与这对帝王夫妻举办的一场盛大典礼有关。

唐麟德二年（公元665）十月，高宗、武后率领文武百官，在仪仗法物先导下亲赴泰山封禅，随行者有波斯、天竺、突厥、于阗、高丽、倭国、新罗等国的君长及使臣，队伍绵延百余里，声势极其浩大。封禅大军在泰山下，经过休整准备，于次年正月登上岱顶后设坛祭天，又在泰山之下的社首山设坛祭地，完成了封禅大典。值得一提的是，这是中国历史上唯一一次由皇帝、皇后一同参加的封禅大典。为了纪念这次泰山封禅，唐高宗下诏改年号为"乾封"（乾封二字的意思是新筑的祭台）。封禅之后，当时并称"二圣"的高宗与武则天大宴群臣、大赦天下，既给官员赐爵，又给百姓免赋。四月，封禅队伍回到京师，他们拜谒太庙，告知祖先封禅的大事已经完成。紧接着，高宗下令铸造新钱"乾封泉宝"。

对于铸行新钱的目的，众说纷纭。有人认为高宗铸造新币是为了纪念这场盛况空前的封禅大典；也有人认为铸造乾封泉宝主要是依从武则天的意愿。此举与封禅泰山相呼应，可进一步树立武后的权威，为她日后大权独揽，埋下一个政治伏笔。如此说来，乾封泉宝算得上是一代女皇逐渐走向封建王朝政治中心的历史见证。如果您因此认为乾封泉宝仅仅是一款纪念币，那就错了，它是实实在在的流通货币。它的问世，绝不是纪念封禅或昭示野心那么简单，其背后不乏许多现实考量。

在大多数人的印象里，唐高宗李治是一位存在感不强、性格柔弱的守成之君，被父亲唐太宗、妻子武则天的光芒所掩盖。但实际上，唐高宗在位时间达到了34年，在唐朝皇帝中排第二，仅次于唐玄宗的44年。他统治期间进行了多场战争，并大多取得胜利：公元657年，苏定方灭西突厥，唐朝势力发展到中亚地区；公元662年，薛仁贵"三箭定天山"，击败铁勒；公元663年，刘仁轨在著名的白江口之战击败百济、日本联军；公元668年，李勣灭高句丽……唐朝的势力范围、领土面积、军事力量和政治威望也在高宗时代达到了顶峰。但是连年战争的负面作用也显而易见：军费开支巨大、人民负担沉重、国家财政亏空。此外，高宗生活较为奢侈，经常营建宫室，加之各地自然灾害时有发生，使得经济形势、财政状况进一步恶化。为了维持军力、财力，筹措巨额经费，高宗决定铸造一种以一当十的大钱，这才是乾封泉宝钱问世的根本原因。

据《新唐书》载，乾封泉宝钱"径寸，重二铢六分，以一当旧钱之十"。换算成现在的计量单位，乾封泉宝径约3厘米，重约4.4克。全国多地出土发现的乾封泉宝实物，钱径多在2.5～2.6厘米，重量则在3.5～5克。乾封泉宝钱铜料精纯，制作精美，处处折射铸造者的野心与抱负。

从重量上说，乾封泉宝（二铢六垒）只是略大于此前流通的开元通宝（二铢四垒），但朝廷为了与民争利，硬性规定乾封泉宝以一当十兑换开元通宝。对此，百姓们自然是抵触的，不愿意拿手中的旧钱兑换新币。因此，乾封泉宝铸造后，并没有实现唐高宗刺激经济、充盈国库的愿望，反而造成了经济混乱，通货膨胀严重，民间盗铸猖獗。无奈之下，唐高宗于乾封二年（公元667年）下诏，宣布对乾封泉宝进行停铸、回收。唐高宗在诏书中，以开元通宝为高祖所创、不敢弃用为理由，掩饰自己这次货币改革的失败。

▲非流通所用的鎏金乾封泉宝（图片来自上海博物馆网站）

最后，乾封泉宝这一被寄予厚望的钱币仅仅铸行了八个月，便被叫停。但正是由于其铸造时间短、存世量稀少，而受到古钱币收藏界的追捧。2002年，陕西咸阳的文物部门、公安部门发现了来自唐代官员窦德藏墓的一枚乾封泉宝，这枚乾封泉宝为铅质，推测可能是冥币或者私铸钱币。此外，五代十国时期建政于湖南的楚政权也曾铸行乾封泉宝钱，但该钱大多为铁钱，极少为铜钱。

四、生于安史之乱——乾元重宝

唐玄宗李隆基是中国历史上非常具有戏剧性的一位皇帝。他早年勤勉政事、虚怀纳谏、殚精竭虑，开创的开元盛世被认为是中国历代王朝统治中的一次巅峰；而他晚年懒政怠政、沉迷酒色、崇尚奢华，直接酿成的安史之乱，又将整个国家推入万劫不复的深渊。虽然历史上前期开明、后期昏聩的君主还有很多，但是如此家喻户晓、愧对祖宗的君王，恐怕无人能出其右。

唐玄宗天宝十四载（公元755年）十一月初九，安禄山以平卢、范阳、河东三镇之兵发动叛乱，灿烂辉煌的大唐盛世戛然而止。由于国家承平日久、军备松弛，安史之乱爆发仅仅30余天后，叛军就攻克了东都洛阳。第二年，在唐玄宗的连续失误下，叛军攻陷潼关，直入长安，唐玄宗仓皇逃往四川。马嵬驿之变，杨国忠、杨玉环兄妹被杀，太子李亨与唐玄宗分道扬镳，后于灵武即位，是为唐肃宗。肃宗遥尊玄宗为太上皇，全面掌权，他在接过政权之初可谓举步维艰、困难重重，可以说是要兵没兵，要将没将，钱粮更是匮乏。

面对困局，唐朝著名理财家、时任御史中丞的第五琦提议铸行大钱以为舒困妙计，乾元重宝钱应运而生。乾元重宝是中国历史上首款以"重宝"命名的钱币，钱径约2.7厘米，重约8克。朝廷规定，一枚乾元重宝当十枚开元通宝，它铸行的目的就是应对巨额开销，以供平叛之用。

乾元二年（公元759年）三月，唐朝遭到邺城之战的惨败，军事压力巨大。此时第五琦被任命为宰相，在他的建议下，唐肃

▲乾元重宝（正面）　　　　▲乾元重宝（背面）

▲重轮乾元重宝（正面）　　　▲重轮乾元重宝（背面）

宗又改铸"重轮乾元重宝"（又称乾元大钱），所谓的"重轮"是指该钱币具有双重外郭。重轮乾元重宝钱径约3.5厘米，重约22克。政府规定，该钱币一枚当开元通宝五十枚。

乾元重宝、重轮乾元重宝发行后，与原有的开元通宝一起流通。由于三种钱币之间比价极不合理，造成市场的大混乱。货币其实是由国家信誉担保的一种财富符号，一旦国家放弃它的信誉担保，又如何让老百姓去接纳它呢？这种虚值大钱在财富上所产生的巨大差额，导致老百姓疯狂盗铸。拿两枚开元通宝钱熔化掉，铸造成一枚乾元重宝，瞬间就变成了十枚开元通宝的价值，老百姓自然是趋之若鹜。据《新唐书·食货志》记载，短短几个月内，仅在长安因盗铸钱而被诛死的就多达800余人。

铸造虚值大钱的行为，其实是国家在推动通货膨胀的发展，必然造成钱币贬值，物价狂涨。据史书记载，当时"谷价腾贵，米斗至七千，饿死者相枕于道"。换言之，当时一斗米的价格高达七千钱，而当年唐太宗时期曾有过"斗米不过三四钱"的低价。原本打算在平定安史之乱过程中发挥重大作用的乾元重宝钱，并没有发挥出它预期的作用，唐朝政府只能任由它在市场中与开元通宝钱共同流通，由市场规律平衡它们之间的比价。上元元年（公元760年）政府宣布重轮乾元重宝改为一当三十行用，乾元重宝与开元通宝等价使用。公元762年唐代宗即位后，又宣布重轮乾元重宝以一当三，乾元重宝以一当二。仅仅三天后又宣布，各种大小钱一律以一当一，皆等价流通。可惜，"秦人无暇自哀，而后人哀之；后人哀之而不鉴之，亦使后人复哀后人也"。唐朝政府在慌乱中采取的这种饮鸩止渴之举，在后世中又多次出现。

乾元重宝版别众多，日本钱币学家吉田昭二在其所著的《乾元重宝钱谱》中罗列的乾元重宝（含重轮乾元重宝）版别就多达667种。大多数乾元重宝是光背的，有的则铸有祥云、朱雀等图案作为祥瑞的象征。据说有祥云、朱雀图案的钱币是在梓州（今四川三台）和益州（今四川成都）铸造的，以纪念唐玄宗李隆基曾驾幸四川。战乱之中天子播迁本来并不光彩，但对于地方官来说，皇帝来到自己辖区内却是一件值得大书特书的事。在地方官员看来，得见天眼之时或可"白日飞升"，因此无不绞尽脑汁争取皇帝的垂青。

五、得壹元宝、顺天元宝："得一"者失道，"顺天"者逆行

爆发于公元755年的安史之乱，迁延至公元763年才被平定。在这段时间里，唐政府的平叛历程一波三折，而叛军一方的首领曾数次"有规律"地更换，这种"规律"体现在以下两方面：

第一，都说皇帝位子不好坐，叛军匪首的虎皮椅更难坐。安史之乱中的历任叛军首领当老大的时间都是两年：安禄山（公元755—757年）、安庆绪（公元757—759年）、史思明（公元759—761年）、史朝义（公元761—763年）。

第二，历任叛军首领都不得好死，前三任叛酋都是被继任者所杀，史朝义则是在走投无路之下做了自我了断。叛乱的安家、史家都以弑父的方式完成权力更迭。

安禄山和史思明这对坏种着实缘分不浅，安禄山出生于长安三年（公元703年）大年初一，而史思明出生于前一年的大年三十。两人都生于新春佳节之际且前后只差一天，是从小光屁股玩儿大的黑白双煞。后来，一起当兵轮刀把，成为边军大将，再后来又都反叛唐朝，最终都被自己的儿子杀死。

邺城之战后，史思明杀死安庆绪，在短时间内称王、称帝，并在其任期内，先后铸造了得壹元宝、顺天元宝钱。得壹元宝的具体铸造时间尚有争议，一说为公元759年铸于魏州（今河北大名），另一说为公元760年铸于洛阳。现存的得壹元宝大小不一，以上海博物馆收藏的16枚"得壹元宝"为例，其钱径在3.2～3.8厘米，平均约3.5厘米；重量在7.74～23.4克，平均约

▲得壹元宝（正面）

▲得壹元宝（背面）

▲顺天元宝（正面）

▲顺天元宝（背面）

15.6克。

得壹元宝的"得壹"二字取自《道德经》，书中有言："昔之得一者，天得一以清，地得一以宁，神得一以灵，谷得一以盈，万物得一以生，侯王得一以为天下正。"这里的"得一"是"得道"的意思。史思明看重的应该是"侯王得一以为天下正"这一句，所以他铸行了得壹元宝，以彰显自己政权的"正统性"。史思明规定，一枚得壹元宝当一百枚开元通宝使用，又是一种虚值大钱。但铸行时间不长，有人向史思明谏言，这"得壹"二字不吉利啊，预示着国祚不长，皇位只能传一代。于是，公元760年，史思明停铸得壹元宝，改铸顺天元宝，依然一枚当开元通宝百枚使用。这次他以自己的年号作为钱币的名称，公元760年恰是顺天元年。

据五代时期的《钱录》记载，史思明铸钱的原料是洛阳佛寺里的铜像。清代《古泉杂咏》写道：

"得一（壹）谁知谶未真，顺天新铸有重轮，洛阳古寺铜销尽，都是如来劫后身。"钱币收藏界早有"顺天易得，得壹难求"之说，说的是得壹元宝钱因铸行时间短，使得存世量较少，受到古钱收藏界的推崇。1913年，喜好收藏古钱币的鲁迅先生曾在北京琉璃厂花两块大洋买得一枚得壹元宝。民国初年的北京，两块大洋大约能买120斤大米。但参考近年来得壹元宝钱动辄上万元的拍卖成交价，鲁迅先生这次收购可谓"捡漏"了。

西域地区古钱币系列（三） 高昌吉利

2019年热播的一部电视剧《长安十二时辰》中，长安地下城的城主葛老，就是那个昆仑奴，一直在追查一批金器的下落。按照他的说法，这些金器是当时唐玄宗皇帝身边的宠臣郭力士将军私自隐匿的，不但代表了唐朝最高的金器工艺水平，而且葛老还想就此抓住郭力士将军的把柄，所以他逼迫张小敬帮他寻找这方面的线索。那么最后葛老找到这批金器了吗？当然没有。1970年，这批金器被刨出来了。

1970年，西安市碑林区何家村出土了一批唐代金银器，共1000多件，分别埋藏在2个大陶瓷和1个银罐之中。这些金银器多为皇室用品，做工精细，造型精美，其中有不少被认定为国宝。在这批出土的金器当中，有一枚钱币也引起广泛关注，该钱的面文是"高昌吉利"四个字。

西域曾经有个国家叫高昌，它是一个汉族的移民国家，最早形成于汉代。汉武帝当年看上了西域大宛国出产的大宛马，也就是大名鼎鼎的汗血宝马，汉朝向大宛索要宝马，大宛不给。于是，汉武帝命大将李广利率军攻打大宛国。此次军事行动中，李广利将一些老弱病残的士卒留在当地。这些士卒形成了一个小的汉人聚集区，后来逐渐发展为高昌国。到了南北朝时期，中原动荡，战乱不断，又有大量的汉人外逃到高昌国。由于身处东西方交流的要冲，高昌受当地少数民族、游牧民族的文化影响，国内男人皆披发左衽，是典型的少数民族装扮。但有趣的是，高昌国的女人们却仍保持着汉代妇女的装扮。高昌国始终将汉语作为官方语言，书写的文字也是汉字。

到了麴文泰做高昌国国王的时候，高昌实际上归附于西突厥，但同时又向唐朝朝贡，可谓首鼠两端。但其实不难理解，作为生存在两个大国夹缝中的高昌国，能做的实在有限，虚与委蛇或许是唯一的选择。提到这个麴文泰，大家可能觉得有些陌生，但如果再提一个人，大家就会觉得熟悉了。谁呢？就是女儿国国王心心念念的那个御弟哥哥——玄奘大师。唐僧为什么被叫御弟哥哥呢？按照《西游记》的说法，玄奘大师与当朝皇帝李世民是"斩鸡头、烧黄纸"的结义兄弟，不求同年同月同日生，但求同年同月同日死，所以唐僧是唐太宗的御弟。但真正的历史又如何呢？

李世民可没有跟玄奘桃园结义，但是玄奘还真有一个当国王的结义兄弟，就是高昌国国王麴文泰。

玄奘于贞观初年偷渡出国，前往天竺（今印度）取经。当他行至新疆伊吾时，受到麴文泰的盛情邀请，遂改变了原定的路线，来到高昌。高昌国从国王到百姓都笃信佛教，据载"全城人口三万，僧侣三千"，足见香火之盛。麴文泰本想留玄奘常住高昌担任国师，但玄奘取经之意甚坚，多次拒绝。麴文泰被拒绝后退而求其次，提出与玄奘结为兄弟，并要求玄奘先在高昌讲经一个月，取经归来时再到高昌弘法三年，玄奘同意了。讲经结束后，麴文泰派人护送玄奘西行，并给西突厥的统叶护可汗及西域其他国家的国王写了信函，请他们为玄奘提供沿途的帮助。在给统叶护可汗的信中麴文泰说："法师者是奴弟，欲求法于婆罗门国，愿可汗怜师如怜奴，仍请敕以西诸国给邬落马递送出境。"统叶护可汗对此事也很重视。他特意找到一位曾经在长安待过数年、通晓汉语的青年，携带国书和法服一袭、绢五十匹，护送玄奘到迦毕试国。玄奘出发时，统叶护可汗还与群臣送出十余里。如果没有统叶护可汗沿途打招呼并派卫队护送，相信玄奘的取经之旅一定更加困难。

西突厥曾经封麴文泰为"颉利发"，这是突厥语，通常译为"国王"。麴文泰得到这个封号后立刻觉得自己山鸡变凤凰了，为了纪念这一"盛事"，他铸造了一批钱币，就是高昌吉利钱。麹文泰实际上接受了西突厥的封号，高高兴兴地当起了高昌国王。但是，对唐朝怎么交代呢？麹文泰耍了个小聪明，在铸钱时将"颉利发"的"发"字隐去，狡辩称所铸为吉语钱，就是为了图个大吉大利。后来，随着西突厥的势力日益增强，麹文泰也膨胀了。觉得依靠西突厥足矣，不必再尊崇唐朝。以至于当唐朝的使臣到达高昌时，他竟然对唐朝使臣说："猫游于堂，鼠安于穴，各得其所，岂不快邪？"意思是：您唐朝，您是猫，在殿堂上玩，我呀就是一只耗子，我在地洞里待着，咱俩谁也别惹谁。他以为高昌距离长安路途遥远，又隔着大沙漠，可以高枕无忧。可惜，麹文泰没有想清楚他的对手是谁，是千古一帝唐太宗李世民！响当当的天可汗！普天之下，莫非王土，率土之滨，莫非王臣。李世民任命侯君集为交河道行军大总管，率军跨过沙漠，一举杀到高昌城下。这时候，麹文泰充分显示出他的胆小鬼本色。一看唐军真的来了，直接吓死了。

公元643年，玄奘取经归来。当时印度的戒日王向玄奘询问其归国路线，玄奘的回答："有国名高昌，其王明睿乐法，见玄奘来此访道，深生随喜，资给丰厚，愿法师还日相过，情不能违。今者还须北路而去。"玄奘打算回国途径高昌，兑现他与麹文泰的约定。可惜，此时高昌早已被唐朝所灭，麹文泰也已故。物是人非，只留下一声浩叹……

六、大历元宝、建中通宝：绝域孤忠的见证

2019年，一部广告片《大唐漠北的最后一次转账》在网上热播，有人甚至称其为"年度最佳广告"。片中驻守西域的唐朝将士们，在安史之乱后与中央政府消息断绝，却凭借顽强的信念坚守数十年，直至白发苍苍。而这部令无数观众动容的短片，取材于一段真实的历史。下面，就让我们来重温这段椎心泣血的历史，以及与这段历史紧密相关的大历元宝和建中通宝钱。

唐玄宗天宝十四载（公元755年），安史之乱爆发。第二年唐肃宗即位，号召天下勤王。安西、北庭两都护府的精兵也分批陆续开赴关内参与平叛，仅留下极少数兵力戍边，造成整个西域地区兵力单薄。吐蕃趁机逐步攻占唐朝河西走廊的大片领土，切断了安西都护府、北庭都护府与中原的联系，安西、北庭成为孤悬西北的飞地。面对艰难的处境，安西守将郭昕（名将郭子仪之侄）、北庭守将曹令忠（后被赐名李元忠）带领将士们坚守驻地，联合回鹘、沙陀，与吐蕃军队展开了长期艰苦的作战。为了宣示主权、满足军需、稳定社会秩序，安西都护府开始自铸货币，即大历元宝、建中通宝钱。安西、北庭都护府与长安断绝联系15年后，唐德宗建中二年（公元781年），两镇派出的使者终于排除万难，借道回纥抵达长安。唐满朝君臣这才知道，原来在万里之遥的西域还有这么两支不忘故国的忠义之师仍坚守着国土。

虽然安西、北庭在建中二年与唐中央取得了联系，但此时的唐廷面对藩镇割据已是自顾不暇，根本无力派军增援西域，至于派兵打通河西走廊，重新建立西域与中原的直接陆上联系，更是痴人说梦。安西、北庭军依然要在万里之外孤军奋战，几乎得不到中央任何物资援助。贞元六年（公元790年），北庭都护府最终为吐蕃攻陷，从此唐朝中央彻底失去安西都护府的消息。据《资治通鉴》记载："安西由是遂绝，莫知存亡。"唐代诗人元稹在其《和李校书新题乐府十二首·缚戎人》一诗中，通过对一位原安西戍卒身陷吐蕃悲惨经历的记述，间接揭示出安西都护府的最后陷落时间很可能是在唐宪宗元和三年（公元808年）初冬的一个夜晚……

大历元宝钱直径2.1～2.4厘米，重约3克，规范性较差，因钱文差异而导致有多种版别。有的为光背，有的背面有月纹。建中通宝钱径在1.9～2.3厘米之间，重量较大历元宝更轻，有的甚至不足2克。有光背者，亦有背月

▲大历元宝（正面）

▲大历元宝（反面）

▲建中通宝（正面）

▲建中通宝（反面）

纹者。大历钱、建中钱的用料主要为红铜（含铜量较高，多呈紫红色），这是新疆及中亚地区所铸钱币的一大特点。安西都护府治所在今新疆库车，故而这两种钱币也主要在库车及附近地区出土，大多出土于戍堡等驻军遗址，说明主要是用于军需。

一千多年以后，每每当我们重温这段唐军身处绝域而泣血死守、尽忠报国的故事，何尝不为之动容，何尝不为之赞叹？

七、一千二百年前的汇票先驱——飞钱

随着唐朝商品经济的发展，大宗商品的远距离贩运日益频繁。作为主要流通货币的铜钱，必然随着商品的大量周转而大量支付。但是作为商人，携带大量沉重的铜钱既不方便也不安全。唐代中期以后，随着两税法的施行，"钱荒"问题成为困扰统治者的一大难题，甚至成为后世宋朝面临的一大顽疾。为应对这种情况，在唐宪宗元和年间，飞钱应运而生，它既可以避免大批铜钱被带出国境，又可以把铜钱的流通量掌握在政府手中，有效解决了铜钱不够用的问题，保障了商品交易的正常进行。

据《新唐书·食货志》记载："商贾至京师，委钱诸道进奏院及诸军、诸使、富家，经轻装趋四方，合券乃取之，号飞钱。"当时各地商人运货到京城出售，得到的货款就交给各藩镇驻京办事处（进奏院），或一些驻军、富商储存。这些机构或个人会开具一张凭证，凭证的半联由商人随身携带，另半联则寄回各藩镇的相应机构（可能是地方的行政部门，也可能是富商设立的分支机构）。商人回本地区后，到指定机构核对凭证，便可取

款。对商人来说，他们的钱好比从京城飞到了家乡，免去了长途运输之苦，故而称为"飞钱"，也称"便换"。对各藩镇而言，飞钱的汇兑原本是一项副业，但其丰厚的利润逐渐成为各藩镇重要的财政来源之一，各藩镇的进奏院在京城的活动更加猖獗。

飞钱刚出现时，曾遭到官方的禁止，但后来朝廷发现飞钱有利可图，也来分一杯羹。元和七年（公元812年），唐宪宗甚至下令由户部、盐铁、度支三处官署经营飞钱，并规定：每办理一千贯的飞钱，收取一百文的手续费。飞钱不具有货币的职能，并不是真正的纸币，但却为纸币的产生奠定了基础。飞钱的汇兑方式，如票券的填写项目、交款与取款手续等，被宋朝的交子、会子、钱引、小钞、关子等纸币所沿用。《宋史·食货志》就说："会子、交子之法，盖有取于唐之飞钱。"

从行业上来看，当时使用飞钱的大多为茶商、酒商。从地域上来看，飞钱主要盛行于当时的长安、扬州、益州、广州都督府。结合唐朝后期的经济格局，很容易理解为什么是这几个城市：长安是国家的首都，自然会拥有活跃的商品经济；扬州、益州都是唐朝后期十分繁华的城市，当时有"扬一益二"的说法（益指成都）；广州都督府自古就是岭南地区的中心城市，安史之乱后国家经济重心南移，其重要性也逐渐增强。至于唐朝的东都洛阳，由于在安史之乱中多次易主，受战乱破坏极大，其经济地位下降，反而不在这个名单之中。

飞钱在唐朝行用的时间并不长。公元820年唐宪宗暴毙，其子唐穆宗即位。宪宗励精图治，平定诸多藩镇，开创了"元和中兴"；而穆宗却耽于享乐，使来之不易的中兴局面付之东流。不久以后，河朔藩镇重新反叛。长庆元年（公元821年），由于形势动荡、信用危机加深，公私经营的飞钱业务均告停止。飞钱的出现在我国货币史上的地位无疑如一支嚆矢，标志着货币流通价值和货币实体价值开始分离，货币开始由实物制向本位制下的价值符号转变。

三武一宗灭佛及此时期铸钱情况（二）

我们再来聊聊三武一宗灭佛中的唐武宗。

唐武宗统治时期，唐朝的外部和内部环境相较前代有了较大变化。他平定昭义镇的叛乱，对各藩镇起到了一定的震慑作用，中央和地方之间一时相安无事。此外，唐武宗很幸运，在他统治时期唐朝外部的两个劲敌回鹘和吐蕃，受到了自然灾害和政治刺杀的打击，先后走向没落。另外，唐武宗的个人信仰偏向于道教，他曾气愤地说："穷吾天下者，佛也！"在军事斗争需要与皇帝个人宗教倾向的双重作用下，唐武宗也进行了大规模的灭佛运动。武宗灭佛从现实因素考虑主要有以下几点：

首先，建造寺院和铸造佛像耗费了巨额财富。《旧唐书·王缙传》记载："五台山有金阁寺，铸铜为瓦，涂金于上，照耀山谷，计钱巨亿。"建寺院、铸佛像、铸法器，不但耗费财富，还导致了铜材大量消耗，产生了佛教法器与国家铸币争夺铜材的问题。唐朝中期以后钱荒问题严重，但民间熔化铜钱改铸佛像的行为却屡禁不止。

第二，寺院庙宇占有了大量土地。唐德宗时，杭州天竺寺"置田亩，岁收万斛，置无尽财"；唐敬宗时杭州龙兴寺"置田千顷以给斋用"。中国是一个传统的农业国家，耕地对封建王朝的重要性不言而喻。大量占有土地的寺院对封建统治非常不利。

第三，寺院还拥有大量的僧侣和依附人口。这就导致国家劳动力减少、国家赋税流失、普通百姓的负担加重等等。尤其安史之乱以后，唐朝人口锐减，缺乏劳动力的问题更为突出。

据记载，唐武宗灭佛运动中有26万僧侣被强制还俗，政府收回的良田达到数千万顷。此外，唐朝自两税法推行后，便出现了伴生的问题：钱荒。为应对钱荒难题，唐武宗在灭佛的过程中将收缴的大量佛像熔化转而铸成钱币，这些由熔毁佛像而制成的钱币就是所谓的"会昌开元通宝"钱。该钱的正面依然是"开元通宝"四个字，其背面与以往开元通宝不同，通常铸有文字，而文字内容又各不相同，目前已发现了十多个版本，如"昌""京""洛"等字。唐武宗打击佛教的原因与其他灭佛的皇帝一样，是世俗政权与佛教势力争夺土地、人口、钱粮等社会资源发生了矛盾。可惜，唐武宗在位时间并不长，在他死后，灭佛运动人亡政息。继位的宣宗，笃信佛教，他随即将唐武宗时期灭佛的政策全部推翻，甚至下令将唐武宗铸行的那些会昌开元通宝钱收回，重新铸造佛像。背面有字的会昌钱极易辨认，因此被大量回收熔毁。

如上所述，唐朝开元通宝钱中背后有字的，就是所谓的会昌开元通宝钱，这些钱见证了唐武宗时期的灭佛运动。但由于宣宗朝又大量收回，因此目前存世量并不是很多，使得会昌开元通宝钱成为古钱币界颇受追捧的藏品之一。

背面铸有"蓝"字和三朵云的会昌开元通宝钱（图片来自上海博物馆网站）

八、唐钱第一珍——咸通玄宝

有唐一代，开元通宝铸造最早、流通最广、知名度最高，它早已成为盛唐辉煌的见证者。但被誉为"唐钱第一珍"的钱币却是诞生在唐朝日薄西山之时的咸通玄宝钱。

咸通玄宝铸造时间短、存世量极少。中国国家博物馆藏有2枚，分别为1957年和1959年接受的捐赠品；1989年在四川新都的一处窖藏内发现过1枚；1990年在甘肃宁县的一处窖藏内发现过1枚。不但实物罕见，关于该钱币的史料也少之又少。《旧唐书》《新唐书》这样的正史中没有关于这种钱币的记载。南宋洪遵的《泉志》中提到过咸通玄宝，但也是引用现已失传的旧谱。被引用的部分是这么说的："唐咸通十一年，桂阳监铸钱官王彤进新铸钱，文曰'咸通玄宝'，寻有敕停废不行。"可见，咸通玄宝由桂阳监铸造于咸通十一年（公元870年），但是很快就被废止了，对此史学界尚有争议。

一种观点认为，在国势渐衰之际，唐懿宗铸造咸通玄宝，是为了应对西南地区的战事。咸通九年（公元868年），原本防范南诏国侵犯的桂林戍卒因久未换防，引发兵变。此次兵祸历时一年多，义军发展到近20万人，甚至控制了江淮地区，切断了江南的经济通道。《新唐书》评论道："唐亡于黄巢，而祸基于桂林。"咸通十年（公元869年），桂林戍卒起义平定。但南诏又不断进兵侵扰，甚至一度兵临成都城下。为解决军费不足问题，桂阳监铸造钱币以解燃眉之急。另一种观点认为，咸通玄宝是平定桂林戍卒叛乱后发行的纪念币，用以彰显唐懿宗的"旷世武功"。

　　咸通玄宝直径2.2～2.4厘米，重3～4克，制作粗糙，钱文散漫，处处尽显王朝衰败之象。一看便知，那个曾经无比辉煌、强盛的大唐犹如一艘千疮百孔的巨舰在汹涌的海上随波逐流，早已经不起惊涛骇浪的考验，即将被唐末黄巢大起义的巨浪卷入无底的深渊……

▲咸通玄宝（正面）　　▲咸通玄宝（反面）

西域地区古钱币系列（三）
粟特铜钱，突骑施钱，回鹘铜钱

　　唐代的丝绸之路沟通东西，将整个欧亚大陆联系起来，而活跃于这条路上的商人们无疑是这个绚烂经济舞台上的主角，这其中以粟特商人最为著名。他们曾经创造的辉煌成就丝毫不比后来的阿拉伯商人逊色，甚至在某些方面较后者更为出色。粟特人的身影遍布丝绸之路的每个角落，利之所在，无所不趋。同时，粟特人形成的利益集团、城邦、聚居区星罗棋布，分布在中国自西北至东北的广大区域，对当地乃至中国的影响颇为深远。

以经商闻名的粟特人最初生活在中亚地区，后来生活在马其顿帝国境内。随着亚历山大大帝东征的进程，粟特人逐渐迁徙到中国的新疆地区。粟特人在历史上一直没有形成一个统一的国家，他们逐利而往，慢慢在贸易通道、丝绸之路上形成了许多绿洲小国和小城邦，但他们建立这些城邦、小国的目的是更加方便贸易往来。早在张骞出使西域时就已经对粟特人有了明确的记载，司马迁在《史记》中也曾提到粟特人，玄奘大师求取真经返回唐朝后口述的《大唐西域记》一书中也有关于粟特人的记载。粟特人的民族特性就是逐利的纯商人性，人人经商、家家经商。孩子很小的时候就开始学习计数、算账，稍微长大一点儿，家里的财产就分得非常清楚，即使父子、兄弟之间都跟做买卖似的明算账。甚至可以说，经商逐利的观念已经深入到基因里。

粟特人曾在中亚地区建立了许多小国，如康国、安国、石国等，因为都使用昭武姓氏，被唐朝称为昭武九姓。粟特人在行商的过程中，也曾铸行粟特货币，该钱正面为"开元通宝"四个汉字，模仿唐朝使用的开元通宝钱，背面则铸有安国、康国等国家的标记。粟特人还铸行了一款简化版钱币，其正面仅为开元通宝的"元"字，背面则使用粟特语铸了一个标识文字。此外，还有的粟特币仅铸有粟特文。历史上整

个中亚、西亚及中国新疆的部
分地区，使用的钱币采用的是
打制工艺制作，其中以银币为
主。粟特人采用铸造的方式制
作钱币，并以铜作为币材，则
是完全受到中国唐文化、中原
文明的影响，其钱币上出现的
"开元通宝""元"字以及
粟特国徽、图案更充分地展
示出东西方文化在钱币制作
上的交融。

　　除此之外，粟特钱币对后
世也影响深远，如突骑施钱。
突骑施曾是中国西部的一个游
牧政权，历史上一度非常强
大。到唐玄宗时期，其苏禄可
汗还曾经被唐玄宗封为忠顺可
汗，一度是唐朝坚定的盟友，
但后来突骑施发生了内乱，最
终被唐朝平定。苏禄可汗铸造
了突骑施钱，该钱受到粟特青
铜钱的影响，一方面使用了突
骑施的文字，另一方面该钱以
铸造方式制作，币材为铜，形

▲粟特钱

▲突骑施钱

制为圆形方孔。

又如回鹘钱币。崛起于唐代中期的回鹘也铸行过自己的钱币，采用圆形方孔形制并采用本民族文字。回鹘衰败后，其中一部分人西迁又建立了高昌回鹘，仍铸行过自己的钱币。此外，回鹘钱币的一大特色是有浓厚的摩尼教宗教色彩。因为摩尼教崇拜日月，所以回鹘曾铸造了一种叫做"日月金光"的钱，此钱极为稀少，是古币收藏中的一大珍品。碍于史料所限，对于日月金光钱的用途，尚无定论，它究竟是供养钱还是流通货币都不确定。

▲日月金光钱（正面）　　▲日月金光钱（背面）

第五章

五代十国钱币

文艺青年皇帝铸钱（一）
南唐后主李煜及其铸钱

在中国历史上林林总总的皇帝中不乏文艺青年，他们个个琴棋书画诗酒茶无一不精，造诣极高。

首位登场的便是被誉为"千古词帝"的南唐后主李煜。提到李煜，大家首先想到的就是他写得一手好词，现将其脍炙人口的佳作录下二首，与君共赏。

虞美人

春花秋月何时了，往事知多少。小楼昨夜又东风，故国不堪回首月明中。

雕栏玉砌应犹在，只是朱颜改。问君能有几多愁？恰似一江春水向东流。

破阵子

四十年来家国，三千里地山河。凤阁龙楼连霄汉，玉树琼枝作烟萝，几曾识干戈？

一旦归为臣虏，沈腰潘鬓消磨。最是仓皇辞庙日，教坊犹奏别离歌，垂泪对宫娥。

南唐小朝廷在李煜祖父和父亲做皇帝时，一度强盛，在当时中国南方的众多割据政权中甚至可执牛耳，但到了李煜坐江山时，国家已经衰落，在北方新兴强权后周、北宋的连续打击下，李煜甚至已经不能称帝，只能称为南唐国主，他被迫尊后周为宗主国。南唐国主李煜面对来自北方的军事威胁，不思富国强兵、守土护民，却每天填词作画，沉溺于与后宫妃嫔们骄奢淫逸的生活之中，只知儿女情长。到后来，宋军打来，他束手无策，打又打不过，跑也跑不了，就待在建康城里耍无赖。可惜，历史证明耍无赖不能阻止亡国之运。最终，南唐被灭，李煜还是被抓到了宋朝的首都汴梁。待在汴梁的李煜百无聊赖。有一天，他喝了点酒，一时冲动，把心里话都写了出来，成就了著名的《虞美人》一词。"问君能有几多愁，恰似一江春水向东流"，准确表达出他作为一个亡国之君内心的惆怅，但也因此引来杀身之祸。宋太宗一看，心想李煜这是还想回故国呀，那还留着干吗？二话不说，赐下毒酒，鸩杀李煜。

李煜做皇帝不行，但其文学造诣却很高。他在统治南唐的最后一段时间里，有没有铸行钱币呢？对此，目前尚无明确的史料记载，但推测有一种铁制的开元通宝大钱，可能是李煜统治南唐时铸造的。李煜当时面临的局面十分棘手，一方面国家内有贫弱的顽疾，另一方面又处于巨大的军事威胁之下。李煜的解决办法是用铁钱代替铜钱，从而有效降低了铸钱的生产成本。同时，虚值大钱也可以暂时缓解部分经济困境。但是根据货币流通规律，劣币驱逐良币。因此，李煜推行的铁钱改革无疑是饮鸩止渴，这次非常糟糕的币制改革，从某种意义上来说，加速了南唐的灭亡。

一、南唐铸行的大齐通宝

南唐之所以闻名，通常是因为它的最后一位国主李煜。当国家面临灭亡之时，身为国主的他非但什么办法也没有，却只会"垂泪对宫娥"，这位"生于深宫之中，长于妇人之手"的懦弱君主似乎除了吟诗作词之外，再无所长。然而，他的祖父李昇，却是一位勇武的皇帝，当年建立南唐政权，也是殚精竭虑，着实经历了一番艰苦奋斗才成功的。

李昇的人生经历，绝对可以收录到今天成功学大师们的课件之中，他的"咸鱼翻身"难度甚至可以跟后世明太祖朱元璋有一比。李昇原本是一个孤儿，能在乱世中活下来已经算祖坟冒青烟了，但后来的事情证明，他家祖坟不止冒青烟，简直是火山喷发！李昇后来被江南吴国大将徐温收为养子，改名为徐知诰。徐知诰一跃成为根正苗红的"高干子弟"，此后又经过几十年的奋斗，竟然成为掌握吴国大权的重臣。在他掌握国家大权之后，故事的发展按照所有权臣篡位的剧本顺利推进。一场名义上的禅让隆重上演："德高望重"的徐知诰"被迫"即位，建立了齐国。坐稳皇位的徐知诰内心仍是自卑的，他必须给自己找一个令天下归心的祖宗。于是，在称帝后不久的一天，他告诉大家："根据夜观星象，外加祖先托梦，我终于弄清了自己的身世。我其实是唐朝皇室后裔，我应该姓李！"大臣们可能还没搞清状况，正在懵懂的时候，他已经把自己的名字由徐知诰改成了李昪，国号也由齐改为唐，即历史上所说的南唐。在徐知诰改名前的短暂齐国时期，曾铸造大齐通宝钱。因铸行时间极短，存世量极少，大齐通宝在古钱币收藏界是绝对的一大珍品，无数人对它如痴如狂。民国时期著名古钱币藏家张叔驯先生因得到一枚大齐通宝，特意给自己的书斋取名为"齐斋"。

颇为有趣的是，关于大齐通宝的身世，古钱币收藏界还闹过不少乌龙，在一段时间里很多人认为它是唐末黄巢的铸币。众所周知，在唐末著名的农民大起义——黄巢起义中，黄巢曾建立过一个国号为"齐"的政权，据此有人认为大齐通宝为黄巢铸币。但实际上黄巢建立的政权并没有铸币，这点目前已得到史学界基本认定。

▲大齐通宝拓片

钱多到花不完，怎么做到？

钱多到花不完，这可能是很多人的梦想，那怎么做到呢？除非家里有印钞厂，但私自印钱可是违法的！中国的古人也同样抱有这个梦想，于是便催生出各种各样的操作，这其中被人们普遍相信，甚至被很多人奉为点石成金之法的操作，就是青蚨钱的制作。

在中国古代，人们坚称有一种昆虫叫青蚨，据《本草纲目》的记载，青蚨就是一种蝉。但实际上，现在大部分人认为青蚨并不是蝉，它是一种类似蝉的昆虫，其个体比蝉要大。那么青蚨有什么特点呢？传说这种昆虫母子从不分离，如果禁锢幼虫，那么不管在什么地方，母虫一定会找来。所以，中国古代那些心生邪念的人，就利用青蚨的这个特点，设法抓住一对母虫和幼虫，然后将幼虫的体液抹到钱币上，再把母虫的体液抹到另一枚钱币上，从而制成一对儿青蚨钱。使用者会把涂有幼虫体液的钱币留在家里，而后拿着涂有母虫体液的钱币出去消费。据说，当天晚上涂有母虫体液的这枚钱会自己跑回家来，与幼虫钱团聚，这样持有青蚨钱的人就有了花不完的钱。因此，青蚨在古代常常被用来代指钱币。

人们追求财富和美好生活的愿望无可厚非，但君子爱财，取之有道。无论青蚨钱的传说是否真实，我们都不应该把追求美好生活的愿望寄托在不劳而获的

行为上，要依靠自己勤劳的双手，努力奋斗，才能抵
达成功的彼岸。

二、开元通宝的余晖与对钱的出现

有唐一代一直使用的是开元通宝钱，虽然其间也曾铸行过部
分年号钱，但开元通宝的使用贯穿整个唐朝。盛唐的辉煌虽然不
再，但唐朝对于中国历史、文化的巨大影响力却不容小觑，即便
是在唐朝灭亡之后的五代十国时期，仍然有后继者延续着大唐的
衣钵，并铸行了大量的开元通宝钱。例如五代中的后唐，地处南
方的闽国、南唐都曾经大量铸行开元通宝钱，这当中南唐的情况
尤其引人注目。

南唐不但铸造了模仿唐朝隶书版的开元通宝钱，而且有所创
新，出现了篆书版的开元通宝钱。唐代使用的开元通宝都是由著
名书法家欧阳询所书写的隶书版，虽然唐朝早期、中期、晚期铸
造的开元通宝钱四个字略微有一些差别，但基本上保持了字体一
致。南唐在隶书开元通宝的基础上，铸行篆书版开元通宝，无疑
是一种创新和进步，也由此催生出"对钱"的概念。

什么叫做"对钱"呢？对钱通常指在形制、铜质、大小、重
量上基本一致，或非常近似，仅仅在面文的字体上有所差别的古
钱币。对钱出现于南唐时期，南唐所铸行的唐国通宝、开元通宝
都有对钱的形制。对钱发展到宋代达到巅峰，常常出现真、行、
草三种字体的对钱。对钱的收藏在古钱币界是非常有趣的事情，
以至于很多藏家热衷于对钱的收藏与鉴赏。通过对比和欣赏对钱

上的不同书法，探寻中国书法艺术之美，也成为古钱币收藏的一大乐事。

▲南唐铸唐国通宝对钱

三武一宗灭佛及此时期铸钱情况（三）

我们来聊一聊三武一宗的最后一位——后周世宗柴荣。后周世宗同样是一位年轻有为的皇帝。作为后周王朝的第二代皇帝，柴荣励精图治、南征北战，为后来宋朝统一中原，结束唐末以来的群雄割据、天下分裂状态，打下了坚实的基础。甚至我们可以说，没有柴荣的呕心沥血、披肝沥胆，就很难有后来赵匡胤取得的成就。

后周世宗柴荣统治时期也推行了大规模的灭佛运动。究其原因，同样是为了完成统一战争的军事斗争需要。柴荣灭佛过程中政府收回佛教寺庙30336座，同时将大量佛像收回熔化铸成钱，即周元通宝。周元通宝钱风格上秉承了唐朝开元通宝钱的许多特点，铸造

▲周元通宝（正面）　　　▲周元通宝（背面）

　　精美，又因此钱是用佛像铸成，所以民间相传其中有"佛慈"流出。此钱自带佛祖的庇佑，自然可以保人平安，因此长期受到普通百姓的青睐。此外，民间还流传此钱可以助产，孕妇佩戴可保母子平安，更增加了周元通宝钱的传奇色彩。

　　后周世宗的灭佛行为也同样被一些大臣反对。面对各方压力，后周世宗从容回答："佛祖愿意舍身以利天下人，那么他一定不会吝惜几个小铜像，所以，佛祖对我的行动肯定是予以支持的。"无论皇帝们出于何种目的灭佛，他们的灭佛之举都无疑为当时的统治带来了许多好处，实现了国家富国强兵的初衷。可惜，不知是巧合，还是真的受到诅咒，推行灭佛的每位皇帝都不高寿。北魏太武帝算是灭佛皇帝中活得最久的一位，享年45岁；北周武帝，享年35岁；唐武宗，享年33岁；后周世宗，享年39岁。

古钱币与书法艺术

古钱币被历代藏家追捧的原因之一是对其书法艺术的欣赏。古钱币上的面文很多都出自当时的书法名家之手，更有一些则是由当时的皇帝御笔所题。因此，当我们把玩、欣赏古钱币时，其隽美独特的书法也是收藏中的雅趣之一。

王莽时期的铸币面文普遍使用悬针篆的书体，这成为王莽货币的一大特点。悬针篆顾名思义其用字笔画就好像一根针悬置，面文中每个字的下部均铸造得笔直纤细，筋骨通透，气度不凡。仔细观赏，顿生美感。

被誉为北周三品的"永通万国""五行大布""布泉"钱使用玉箸篆书体，字形圆润，给人以舒缓、平稳、饱满、大气之感。同样使用玉箸篆字体书写面文的古钱币还有金代章宗时期铸行的泰和重宝钱，其字出自著名的书法家党怀英之手，美感十足。

唐朝开元通宝钱面文由书法大家欧阳询所写。作为颜柳

▲王莽货布（悬针篆）

▲泰和重宝（党怀英书）

▲开元通宝（欧阳询书）

欧赵四大书法家之一的欧阳询，其字不单在中国备受推崇和喜爱，在日本同样圈粉无数。欧阳询的字在日本被奉为神迹，人们争相学习。日本著名纸媒《朝日新闻》所使用的"朝日新闻"四个字便出自欧阳询之手。当然，这不可能是欧阳询为其亲书，而是日本人从欧阳询的碑刻字帖中将四字汲出凑成。

清代咸丰年间，宝泉局曾经铸行一种咸丰通宝当五钱，此钱面文由著名书法家戴熙所书。戴书咸丰通宝钱字体隽秀，艺术水平甚高，后世古钱学家甚至认为此钱是中国古钱币艺术水平的又一个高峰，同时也是古钱币艺术水准的回光返照。戴熙是咸丰朝翰林，官至兵部右侍郎，不仅是书画家，还是知名的古钱币收藏家。他曾收藏一枚缺角大齐通宝钱，视若珍宝，几乎从不示人。后来太平天国攻打杭州时，戴熙在城破之时投水而死，其藏品大齐通宝钱也随之湮没。

最后说说御书钱。由皇帝御笔书写钱币面文之举始于宋太宗时期。淳化元宝钱面文便是宋太宗御笔所书，而且使用了真、行、草三种字体，即以楷书、行书、草书书写面文。御书钱中艺术水准最高的非宋徽宗所铸"崇宁通宝""大观通宝"钱莫属。宋徽宗以其自创的瘦金体书法书写了钱币面文，字体铁画银钩令人心情愉悦。提到宋徽宗，不得不说他铸行的崇宁重宝钱，据说其面文由当时的权相蔡京所写。

▲淳化元宝（宋太宗御书）

▲崇宁通宝（宋徽宗御书）

▲大观通宝（宋徽宗御书）

▲崇宁重宝（蔡京书）

　　除中国传统书法艺术在钱币上有直接的折射外，传统篆刻艺术也在古钱币上有所展示。其中最具代表性的钱币是铸行于南北朝时期北齐的常平五铢钱，常平五铢钱面文的结构明显受到当时篆刻风格的影响，或者说受到当时篆刻艺术发展新风向的影响。常平五铢钱上的"平"字，其上面一横借笔钱币穿孔的下面一条边。此举恰是篆刻创作中借笔印章外郭的创新艺术形式，在钱币铸造上折射出了新的变化。

常平五铢

三、中国古代制币材料简述

中国最早的实物货币材质是一种叫做齿贝的贝类贝壳。除此之外，中国历史上还曾经以玳瑁（一种海龟）的壳制作钱币。在相当长的历史时期中，中国将丝帛作为货币使用，甚至粮食也曾作过货币。当然，最主要的货币材质还是贵金属，正如马克思所言：金银天然不是货币，但货币天然是金银。

先说说黄金。中国是一个缺乏黄金的国度，在中国的历史上以黄金作为流通货币大量使用的朝代仅有西汉。目前根据文献记载以及考古出土实物情况分析，均可证明西汉时期曾大量使用黄金。在《汉书》《史记》等史书记载中，经常能看到皇帝赏赐大臣"千金"甚至"万金"的记述。西汉末年王莽篡汉后，当绿林赤眉起义军攻入长安时，在王莽宫中搜出黄金约60万斤，可见当时黄金之多。前些年在南昌海昏侯墓考古发掘中，出土的黄金制品和黄金货币甚至达几十公斤之多。

左　西汉麟趾金

右　西汉马蹄金

但是，中国历史上仅仅在西汉时期将黄金作为钱币使用，此后历代以黄金作为货币的情况几乎不复见。对于黄金匮乏的现象，有人认为是由于繁盛的海外贸易，导致黄金大量外流；也有人认为是因为崇佛，黄金被大量用于庙宇、佛像的建造、装饰；但更多人认为此后历代缺少黄金的原因是陪葬所致。中国人有厚葬的传统，自西汉开始便有大量的黄金被深埋于地下，海昏侯墓出土的巨额黄金就是明证。

再说白银。自宋代开始，白银逐渐成为流通货币，主要作为税收之用。白银真正作为流通钱币开始为民间所用是在明朝时期，明代发达的本土商贸活动及海外贸易都促使白银在人们的日常生活中越来越多地出现，嘉靖朝开始，海外银元大量流入中国，使得白银与百姓生活更加密切。据统计，明朝中后期，伴随着中国海外贸易的迅速扩大，全球流通白银中的85%流入中国，使得中国成为货真价实的白银帝国。

再说铜钱。铜被用来铸币的历史大致可分为两个阶段，即青铜阶段和黄

▲宋代银铤（正面）

▲宋代银铤（背面）

▲墨西哥鹰洋（正面）

▲墨西哥鹰洋（背面）

铜阶段。青铜是指铜铅锡的合金，黄铜则为铜铅锌的合金。铜铸币中铅占比例最小，但亦有定数，铸币过程中如果加入铅的比例稍高，铸出的钱币通常会发白，而且含铅量过高则会直接影响货币质量，造成钱币极易破裂。同时，铸币过程中如果铜的比例很高，铸出的钱币颜色会发红，即民间所说的红铜，这一特点在新疆地区铸造的很多钱币上较为明显。

再说铁钱。中国历史上很早就开始使用铁来铸币，汉朝就已经出现，宋代达到高峰。宋朝经济活跃，国内外贸易都非常发达，但有宋一代始终被钱荒问题困扰。面对钱不够用的问题，政府大量地铸行铁钱。关于铁钱，还有一个非常有趣的故事。北宋时期，为了防止铜这种贵金属流入西夏，北宋政府规定在与西夏的互市贸易中只许使用铁钱。而西夏则大量收购北宋铁钱，之后将其熔化制作刀剑。西夏制作的刀剑名扬四海，因其锋利无比而在市场上成为热销品。北宋知道后，应对之法也很巧妙，他们在铁钱铸造时加入大量的锡，含锡量高的铁钱被西夏人拿去制作刀剑，成品普遍偏软，质量大不如前。

左　南宋铁钱嘉泰元宝
右　南宋铁钱庆元通宝

最后说说纸币。宋代出现的纸币交子是真正意义上的中国首款纸币，而纸币的制作需要大量木材，同时对木料的选择也十分考究。宋代纸币制作主要使用楮木为原料，故宋代纸币也被称为楮币。元代则主要以桑树皮为原料制作桑皮纸，再以桑皮纸印制纸币。

除了以上这些制造钱币的材料外，中国古人在制作钱币时可谓脑洞大开，花样翻新，层出不穷。五代十国时期，割据河北的刘仁恭趁乱自立。他骄奢淫逸，对民间盘剥异常苛刻，对老百姓的压榨可谓敲骨吸髓。他强行夺取人民钱物，贮藏在其大安山的宫殿中。刘仁恭还制作泥币来糊弄老百姓，强制推行泥巴做的钱用于百姓日常生活，其荒唐程度旷古绝今。此外，汉武帝时期曾以上林苑饲养的白鹿的皮为材料制作皮币，面值四十万，被认为是中国古代面值最大的钱币。

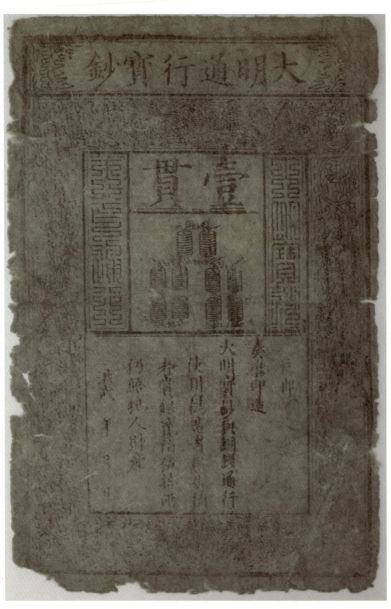

▲大明通行宝钞

第六章

宋代钱币

一、部分北宋钱币珍品略述

宋代铸行钱币数量巨大，种类繁多，北宋、南宋国祚延续将近320年，前后十八位皇帝，且多位皇帝都使用了不止一个年号，而基本上每次改元都会伴随新的铸币的发行。整个宋代一直受到钱荒问题的困扰，因此宋朝的铸币工作开展得如火如荼，铸币量巨大，几近疯狂。据史料记载，北宋元丰年间，每年铸造铜钱高达五百零二万贯（唐朝年铸钱数量最高时仅三十二万贯），

▲古代铸钱图

每年铸造的铁钱也高达一百一十三万贯，铸钱数量列历朝之冠。由于宋代铸钱数量极为庞大，时至今日，东南亚、日韩等地在考古发掘中出土的中国古钱尤以宋钱最多。这一方面说明宋代海外贸易的发达，另一方面则从侧面再次印证了宋朝钱币存世量之大。碍于篇幅所限，在此仅就宋朝钱币中收藏价值极高的部分珍品略作介绍。

首先介绍淳化元宝钱。铸行于宋太宗淳化年间的淳化元宝钱为中国历史上首款御书钱，即钱文由当朝皇帝亲自书写。淳化元宝面文以真、行、草三种字体书写，并由此形成三枚一组的对钱。同时，这也是将草书字体用于钱币面文的滥觞。淳化元宝中有一种版别被民间称为"缩水淳化"，其淳化的"淳"字中的三点水铸造位置较为偏上，其成因无定论，可能是铸造过程中失误所致，也可能是铸钱的钱监有意为之，总之缩水淳化与其他版本的淳化元宝版式不同且数量很少，因而成为古钱币收藏界一珍品。

▲御书淳化元宝（真书版）

▲御书淳化元宝（行书版）

▲御书淳化元宝（草书版）

▲九叠篆版皇宋通宝

其次是宋仁宗宝元年间铸行的皇宋通宝钱，其中较为珍稀的是使用了九叠篆字体的皇宋通宝钱。九叠篆书体是皇家御用的篆书文字，一般用在皇帝印玺及一些较为重要的公文上。使用九叠篆字体书写金属钱币面文的情况在整个中国古钱币历史上仅此一次。

再次是宋神宗时期铸行的元丰重宝大钱。目前认为可能是试铸币，存世量非常少。宋哲宗时期铸行的元符重宝大钱存世量也很少，同样可能为试铸币。宋徽宗建中靖国年间铸行的建国通宝钱则为孤品，目前仅发现了一枚。除此之外，当金军开始频繁南下攻打北宋的时候，宋徽宗变身"赵跑跑"，极不负责任地将皇位传给儿子（后来的宋钦宗），自己当了"甩手掌柜"。宋钦宗在位不到一年就发生了靖康之难，北宋灭亡，宋徽宗和宋钦宗都被俘虏，连同皇亲国戚、朝中大臣数千人被掳往北方。民族英雄岳飞在他的词作《满江红》里将这种亡国之恨表达得淋漓尽致，"靖康耻，犹未雪；臣子恨，何时灭。"由于靖康这个年号的使用时间非常短，其间北宋又处于严峻的军事斗争之下，因此靖康钱的铸行数量较少，其中尤以"靖康元宝""靖康通宝"的小平

左 右
靖 靖
康 康
元 通
宝 宝

钱稀少。此外，前些年在东北地区发现的一枚篆书版靖康通宝折三钱，亦为仅见。

二、天书、封禅闹剧的见证者——祥符钱

北宋真宗朝曾经发生过一次非常严重的军事危机，就是著名的澶州之战。当时的辽国太后（百姓熟知的萧太后——萧燕燕）与辽圣宗一起率领辽军南下攻打北宋。宋真宗在宰相寇准的"威逼利诱"下御驾亲征，两军在澶州形成对峙。

其时，面对辽国的进攻，北宋君臣在"是战是逃"的问题上颇为纠结，几位宰相的意见也不统一。宰相王钦若就主张迁都金陵，朝廷大搬家，集体"跑路"；而另一位宰相寇准则坚决主战，并且提出真宗皇帝要御驾亲征，以鼓舞士气。真宗皇帝最终在寇准的一通软磨硬泡、死拉活拽之下，磨蹭到了澶州城。澶州守军一看皇帝亲征，顿时士气大振、勇力倍增。恰在此时，一件意外事件发生了，这在很大程度上改变了整个战事的走向。当时辽军统帅萧挞凛带着一队斥候亲自到阵前侦查，这位仁兄可能是自信心爆棚，也有可能是想在最高领导面前秀一把。总之，他在侦查过程中距离宋军越来越近。

当时宋军装备了一款"超大威力狙击步枪"，或者更准确地说应该叫"狙击炮"，这一神器就是三弓床弩！三弓床弩威力巨大，其用以发射的箭矢就长达三米，射城墙就跟穿豆腐差不多。宋军本着"有没有枣打三竿子"的原则，照着辽军主帅萧挞凛就是一箭，甭管打着打不着，吓唬吓唬也行。话说三弓床弩这种重

武器虽然威力巨大，但精度实在不敢恭维，平时打仗也没指望用它干细活儿，但要说这次的一箭那可着实走运，简直堪称彩票中奖五百万，不，中奖五亿！据史料记载，仅仅是弩箭尾部扫到了萧挞凛，这位仁兄当晚便重伤不治而死。于是乎，仗还没正式开打，辽军主帅被狙杀，辽军士气一落千丈。

宋真宗一看这战果，心情顿时大好，但他可没有"宜将剩勇追穷寇"的魄力，而是见好就收，趁机和谈。最终，双方和谈达成，签订协议，就是历史上著名的澶渊之盟。双方约定为兄弟之国，作为大哥的宋朝每年给小弟二十万两白银、十万匹绢帛。北宋算是花钱买了个太平。

军事危机解决了，但被逼着订立城下之盟的羞辱却在宋真宗的心里落下了心结，回过味儿的宋真宗或许常常会想：我是中原正朔呀，怎么能让一个北方夷狄逼到交"保护费"呢？宋真宗的心病算是就此作下了，御驾亲征的结果是既丢了面子，也没了里子。怎么办？当然得想办法往回找。再去跟契丹人干？真宗怂啊，怕是打不过。那就想点儿别的办法吧。这次宰相王钦若给皇上支的招儿颇合上意，其实很简单，就是效仿前代的明君秦始皇、汉武帝、唐玄宗，也去搞封禅泰山的活动，以此粉饰太平、假装盛世。这下说到真宗心眼里了，两人一拍即合。

闹剧开场。封禅大典开始之前，先是皇宫的城角上，突然落下来一封天书。皇上跟周围人说：没错，前两天我做梦的时候，有神仙说要给我天书。这天书就叫大中祥符，书里的内容大概是当今皇上是真命天子，千古明君，有他在宋朝就可以一统万年。宋真宗规规矩矩地把天书供奉了起来，本着来而不往非礼也，封禅泰山的活动马上轰轰烈烈地搞起来，去泰山当面感谢老天爷这么给面子。热热闹闹地折腾了一番，封禅泰山的热剧终于胜利落幕，宋真宗非常满意，在他看来他已经是可与秦皇汉武、唐玄宗比肩的伟大皇帝了。宋真宗似乎找到了心理平衡，心中郁结得以舒散。

接下来，宋真宗觉得还可以更进一步，于是又认了个祖宗——赵玄朗。赵玄朗这个名字可能令人感到陌生，但要是提到他另外一个名字，可谓家喻户晓，就是赵公明。宋真宗把财神爷捧成了自己的祖宗。既然认了祖先是赵玄朗，那就得避讳了，生活中凡是涉及"玄"字的词都需要改掉，许多我们耳熟能详的名字被做了更改。如唐玄宗改叫唐明皇；孔子从前的尊号是玄师，现在得叫至圣先师；以前讲玄学，现在不能说了，最后琢磨出个理学。

宋真宗寻求心理平衡的系列操作随着他的逝去落下帷幕。天书也好，封禅也罢，明眼人都知道这不过是皇帝的作秀而已。但皇权之下，谁能反对？大家陪着皇帝一起开心自娱而已。前文提到的天书名叫大中祥符，真宗便依天意改年号为大中祥符，并铸钱祥符元宝、祥符通宝。换言之，祥符元宝、祥符通宝钱见证了真宗朝这场热闹非凡的政治秀。今天，当我们观赏、摩挲着祥符

元宝、祥符通宝钱时，思绪也回到那场政治闹剧之中，心中或许会对宋真宗升起一丝理解和无奈之感。这种神交古人的心绪也是人们爱好古钱币的一个重要原因吧。

纯金淳化元宝

供养钱一般指宗教信徒向神祇供奉的钱币，多为专门制成，常常是一心向佛或一心向道的皇帝们特意铸行的一批供奉到寺庙、宫观里边的钱币。其中，又以佛教供养钱最为常见。铸造供养钱在中国有非常悠久的历史，大凡信佛、信道的皇帝通常都会有这样的举动。比如梁武帝，动不动就跑到寺庙里，抛弃社稷出家。满朝文武找不着皇上，只好花钱把皇上从庙里赎回来，动辄几十万钱，甚至上百万钱。有关供养钱的铸行，最疯狂的时期是在元朝，元朝政府长期不铸行金属钱币，只使用纸币；每次铸造的金属钱币只是作为供养钱向寺庙捐赠。

▲宋太宗画像

中国历史上最著名的供养钱当属纯金淳化元宝。20世纪80年代，纯金淳化元宝在山西五台山第一次被发现，轰动一时。淳化元宝钱为宋太宗在位期间铸行，使用楷书、行书、草书三种字体，而且是皇上御笔亲书。纯金淳化元宝直径约2.4厘米，重约12克，其正面的面文与流通使用的淳化元宝钱一模一样，而其背面的图案却极具佛教气息。穿孔的左边是一个观世音菩萨，穿孔右边则是一位童子双手合十的站像。对于这位虔诚礼佛的童子，学术界的解读和讨论颇多，部分学者认为这个童子形象就是宋太宗本人。

▲纯金淳化元宝

那么，宋太宗为什么要在五台山埋下如此多的金钱作为供养钱供奉到寺庙里呢？学者们推测，很可能他是为了图心安。坊间一直有这样的传闻，宋太宗是在一个月黑风高、伸手不见五指的夜晚，用一柄利斧砍死了他的哥哥——宋太祖赵匡胤，篡夺了皇位，即所谓的"烛影斧声"。当然，宋太宗是断然不会承认自己弑君的，按照他的解释"太后提出兄终弟及，这样才能避免国家出现幼主"，此举是为了避免重蹈后周的覆辙。此外，宋太宗还让宰相赵普做证人，告诉群臣"兄终弟及"的确是太后的意愿。但这种解释反而更加让人心生疑窦。从古至今，很多人更愿意相信带着神秘色彩

"烛影斧声"的故事。或许正因如此，宋太宗的心里始终有个心结，最终他希望从佛教中获得心灵慰藉，希冀通过供奉寺庙的虔诚方式化解心中的郁结。

另一款宋代黄金钱币及金钱的制作

福宁万寿金钱是南宋开国皇帝宋高宗铸造的，作为中国历史上四位寿元超过八十的皇帝之一，宋高宗做太上皇的日子可谓无比滋润，简直过着神仙般的生活。在高宗八十岁生日的时候，他御笔写下"福宁万寿"这四个字，并铸造了金钱。"福宁"是宋高宗寝殿的名字，"万寿"则指万寿无疆，祈愿长命百岁。作为祝寿钱的福宁万寿金钱铸造量非常少，因此异常珍贵，时至今日几乎难觅踪迹。

铸行金钱在宋代有着悠久历史。如前所述，宋太宗的时候就曾铸行过纯金淳化元宝。史书记载，宋徽宗禅位后，曾经穿着便服上街，用金钱向小贩买蒸饼吃。通常皇家铸造的金钱都不是真正的流通货币，而是用作赏赐钱或是作为一种储值货币。黄金钱币的制作方式亦有差异，有用纯金直接去铸造的，也有一些则为包金钱、鎏金钱。所谓包金钱就是把黄金打制成薄薄的金箔，然后包在钱币的外面，例如目前发现的一些包金铜贝币。鎏金钱则是把黄金研磨成粉末，与水银混合之后，将混合液涂抹在钱币的表面，再经过火焰炙烤，在烤的过程中水银蒸发而黄金就留在了钱币表面。

文艺青年皇帝铸钱（二） 宋徽宗及其铸钱

据史书记载，宋神宗元丰五年端午节的前一天，宋神宗闲来无事，四处闲逛，在秘书省无意间看到一幅画像。是谁的画像呢？南唐后主李煜。当年南唐是被北宋灭亡的，后主李煜则被宋太宗鸩杀。因此，当宋神宗见到李煜画像之后，顿生几分不悦。当天晚上，神宗居然梦到了李煜。传说，李煜来到宋神宗的床头，对神宗说："我想认您当爹。"宋神宗一下惊醒，心中异常烦闷。但冥冥中似乎早有注定，第二天神宗的一位妃子就为他生下了一位皇子……

不久后，宫廷中就开始流传这样一个预言，新诞生的皇子就是南唐后主李煜的转世，他的降世就是为了祸害北宋，北宋或许真要在他的手里灭亡。宋神宗给小皇子取名赵佶，后来封为端王。作为父亲，神宗仅仅希望这个孩子一辈子平平安安就好。但是，历史的风云诡谲难测。神宗死后，皇位传给了宋哲宗。可惜，哲宗英年早逝，二十几岁就死了。接下来，在讨论皇位继承问题上，满朝文武爆发了激烈的争论。有人提议由端王继承皇位，而宰相章惇坚决反对，并说：端王轻佻，不可君临天下。但在家天下的时代，皇位的继承首先考虑的是血缘关系。最终，朝臣和太后商议的结果仍是端王继承皇位。这位端王便是后世的宋徽宗。

▲宋徽宗画像

宋徽宗继位之初，也曾假装出一副礼贤下士、虚心纳谏、发愤图强、努力治国的样子，但没过多久，就装不下去了。沉湎酒色、玩物丧志、视国事如儿戏，成了宋徽宗的代名词。作为"文艺青年"，宋徽宗在琴棋书画诗酒茶上表现得天赋异禀，用他自己的话说就是："万机余暇，别无他好，惟好画耳。"他画画的功力深厚而又极富雅趣，尤以花鸟为佳。他用生漆给所画的鸟雀点睛，生漆落到纸上，干了之后就固结成一个小小的圆珠，圆珠突出于纸上，因此他画的鸟雀栩栩如生。有人评论宋徽宗的画是"具天纵之妙，有晋唐之韵"。除了绘画，徽宗在书法上更为独到。他先学黄庭坚，然后融各家之长，自创一派，开创了书法界大名鼎鼎的瘦金体。瘦金体字一经问世，便备受推崇，概括其特点为：横画收笔带钩，竖画收笔带点，撇似匕首，捺如切刀，竖钩细长而内敛，连笔似飞而干脆。后人誉之为"神工鬼能，意度天成"，意指瘦金体字为神鬼所作、浑然天成，绝不是一般人能学得来的。

▲宋徽宗瘦金体书法

宋徽宗以瘦金体字铸行了"崇宁通宝""大观通宝"等钱。由于铸造精美、面文深峻、字体隽秀，铸造工艺和艺术水准极高，后人将徽宗与王莽并称为中国古钱币史上的"钱法二圣"，意指铸钱水平最高的两位皇帝。有人评论：中国历史上铸钱的艺术水平出现过三次高峰，第一次是王莽时期，第二次是宋徽宗时期，第三次是金章宗时期。但是，作为皇帝，宋徽宗整日不思考如何治国，而是沉迷搞文艺创作，并重用蔡京、童贯等奸臣，把国家搞得乌烟瘴气、民怨沸腾，终不是一位好皇帝。最后，金军打来，北宋亡国，宋徽宗作为俘虏被掳往北方，受尽羞辱，最终死在黑龙江五国城。在人生最后的日子里，宋徽宗或许认为此生终是一场苦难，但于国家和百姓而言，他带来的则是一场巨大的灾难。

元朝在修撰《宋史》时，宰相脱脱对徽宗的评价是：宋徽宗诸事皆能，独不能为君。

▲崇宁通宝　　　　　▲大观通宝

三、宋孝宗与纯熙元宝钱

《诗经》有言："於铄王师，遵养时晦，时纯熙矣，是用大介。"宋孝宗铸行的纯熙元宝，其中"纯熙"二字便取自于此。宋孝宗之所以以此为年号，实则蕴藏着他统一天下、振奋家国的理想抱负。然而，纵然他贵为九五之尊，他的雄心壮志最终也没能实现。

宋孝宗是历史上公认的南宋皇帝中最有作为的一位，其当政期间励精图治，秣马厉兵，希望能够通过北伐收复失地，恢复北宋的版图与国势。他任用著名的主战派将领张浚发动北伐，但却由于准备太过仓促，北伐仅仅持续了二十多天就以失败告终。之

▲宋孝宗画像

后，宋孝宗又任用在采石矶大战中一战成名的虞允文主持军事，积极准备下一次北伐。

宋孝宗组织的第一次北伐失败之后，当时身为太上皇的宋高宗对他说："你想北伐，等我死了之后再说吧。"宋孝宗以至孝闻名，他不敢忤逆宋高宗的意志，便只能等待。可惜天不助他，宋高宗是出了名的长寿，作为中国历史上仅有的四位年过八十岁的皇帝之一，宋高宗的长寿对宋孝宗的北伐大计无疑是灾难性的打击。宋高宗就这么硬生生耗死了宋孝宗唯一可以依靠的大臣虞允文。到宋高宗死的时候，宋孝宗也已垂垂老矣，在长年的压制和消磨之下，宋孝宗早已心如死灰。因此，宋高宗死后，宋孝宗干脆效法高宗禅位，同样做起了太上皇。

在宋孝宗统治时期，他积极吸取第一次北伐失败的教训，每年组织阅兵、军演，练兵备战，并重用虞允文。作为孝宗朝唯一一个能够打仗、有军事经验且主张北伐的大臣，虞允文被孝宗寄予厚望，要么安排到中央策划军事，要么放到四川做具体的军事准备。乾道九年冬至，宋孝宗昭告天下，明年改元，年号纯熙。宋孝宗希望效法周武王伐纣的故事，御驾亲征，收复失地，

还于旧都。"於铄王师，遵养时晦，时纯熙矣，是用大介"的意思，是王师士气高昂，我将率领他们横扫一切黑暗，当大地重归光明的时候，伟大的使命也将降临。

宋孝宗纵然胸怀远大，但他的上头还有个太上皇呢，孝宗的言行无不需要顾及高宗的感受。宋高宗一心想着偏安一隅，只要能够吃好喝好睡好就行了，不主张北伐。正所谓"暖风熏得游人醉，直把杭州作汴州"，宋高宗只想躺平。据说，当改元"纯熙"的消息到达四川时，正在四川筹备军事的虞允文深觉不妥，他赶快写奏书，想告诉孝宗慎用"纯熙"，奏书写好还没来得及送出，新年号就下来了，这次将纯熙的"纯"字改成了淳朴的"淳"字。面对时势、朝局，宋孝宗实际上很难完全依循自己的思路去行政、布局，来自高宗的掣肘无处不在。那么，将敏感的"纯熙"二字改为"淳熙"又有何意呢？原来，宋太宗统治时期曾使用"雍熙""淳化"两个年号，孝宗从这两个年号里各取一个字，组成淳熙，意思是我要向宋太宗学习。这样宋高宗就没有异议了。但历史上，宋太宗时期的雍熙年间攻打辽国战败，淳化年间发生了李顺、王小波的农民起义，"雍熙""淳化"并不

▲淳熙元宝

是什么好兆头。由此可见，所谓的效仿宋太宗不过是个借口罢了。管中窥豹，宋孝宗连一个年号都不能决定，又如何能真正领导国家发动北伐、收复失地呢？仅仅是一字的变化，却折射出当时南宋的政治气氛，以及宋孝宗的无奈。

由于年号变更的突然，有的地方钱监已经开始铸行新的纯熙元宝钱，于是有极少量的纯熙元宝钱已被铸造出来。鉴于其铸造时间极短，铸造量极少，因此反而造就了古钱币收藏界的一大珍品，受到历代古钱币收藏者的追捧。

四、一种军需货币——临安府钱牌

南宋铜钱牌并非我国历史上首次出现的"稀罕物"，战国时期楚国货币体系中就曾出现过铜钱牌，但自那以后的千百年间中国钱币史上却再未出现过铜钱牌。南宋时期铸行的"临安府行用钱牌"是仅限于首都临安地区使用的一种钱币。面值分为二百文、三百文、五百文以及二十文、四十文几种。其材质分为两种：铜钱牌和铅钱牌。铜钱牌为面值较大的二百文、三百文、五百文，铅钱牌则为一百文以下面值钱币。钱牌正面为"临安府行用"字样，背面为诸如"准贰佰文省""准伍佰文省"等规定面值的字样。这里涉及"省"的概念，以"准贰佰文省"为例，字面意思为二百文省陌。省陌就是以不足值代指足值，二百文省陌是指一个铜钱牌价值二百文铜钱，但如果你真想兑换成铜钱，那么实际拿到手的数量将不是二百枚。省陌是宋代应对钱荒问题的有效手段之一，与普通大众关系密切。众所周知，一贯钱即一吊钱通常指一千枚铜钱，但如果是一贯省陌，则约定俗成为以七百七十七枚铜钱代指一千枚铜钱。在实际交易过程中，如果需要支付一贯钱，则实际上最终对方能拿到的是七百七十七枚铜钱。在国家经济稳定的时候，尚能维持以七百七十七代指一千的

右　临安府钱牌准五百文省（背面）

左　临安府钱牌准五百文省（正面）

省陌比率，可一旦国家形势危机，经济情况堪忧时，省陌的比率就会出现大幅波动。据史料记载，宋末省陌比率甚至一度跌至以三百三十三枚钱代指一贯钱。换言之，这种时候跟别人做买卖，如果收益一贯，则实际只能拿到三百三十三枚铜钱。

　　前文已叙，钱荒问题始终困扰着宋朝，一方面由于繁荣的对外贸易导致大量钱币外流，另一方面由于铜矿开采、提炼等方面，造成铜更加稀缺。于是，催生出钱牌这种形式特异的虚值大钱。钱牌的实际铸行时间不长，存世量很有限，因而也成为古钱币爱好者们争相收藏的对象。

五、纸币交子

　　世界上最早的纸币源于中国，是诞生于北宋年间的交子。交了的前身是唐朝的飞钱，但相对而言，飞钱更像今天的汇票，通常是由各藩镇驻京办事处（进奏院）兼营的一项金融业务，后来一些实力超群的大商会也加入这一行业中。北宋初年的统治者对于四川地区似乎怀有某种成见，因此在制定政策时常常表现出地域歧视，甚至因此暴发了李顺、王小波领导的农民起义。北宋中央对于四川的歧视政策颇多，例如规定四川地区在贸易活动中只允许使用铁钱，但偏偏四川的经济发展极佳，贸易活动中对于钱的需求量极大，而仅能使用铁钱的规定，导致巨大的贸易不便。试想，商人们一旦谈成大宗交易，很可能需要拉好几车钱去进行交割，甚是不便。与此同时，恰好四川地区的印刷术和造纸术十分发达，为纸币的诞生提供了物质基础和技术储备。

为了解决大宗交易中货币使用不便的难题，成都首先出现了被称为私交子的纸币，具体时间是在宋真宗大中祥符年间。当时成都的十六家商户自行发起成立了一个类似于商业联盟性质的组织，并由该组织发行了名为交子的纸币。据说，此名源自四川方言发音，有交合之意。私交子发行的初衷是好的，但是发行之后问题却接踵而至，由于缺乏有效的约束手段，私交子在交易使用的过程中引发许多纠纷，商家们因此隔三岔五地打官司，导致交子的信誉度迅速陨灭，私交子的使用时间不长便告作废。但是，私交子的出现却令宋朝统治者眼前一亮，拿纸印钱这创意不错，而且是个不错的解决钱荒困局的办法。于是，在宋仁宗天圣二年，官方开始正式发行交子，在成都设立交子务，专职发行、管理交子。官方交子投入市场受到了商家们的普遍欢迎，因为官交子在发行过程中，针对当年私交子出现的一些问题，做了有效改进。例如，规定交子发行以"三年一届"，届满之时会下放新印刷的交子以新换旧，把市场上的旧币换掉。同时，官交子发行设立有准备金，保证了纸币价值的稳定。政府规定交子面值为一贯、十贯，后来改为五贯、十贯。最后，官交子仅被允许在四川地区使用。

一般人印象中的交子是那张印有"千斯仓"等字样的纸币，但事实上那并非交子的真容，根据古钱币专家们的研究，那张纸币被认为交子是一场乌龙。为什么呢？其实纸币面文上的第一句话就已经露馅了，当时北宋政府规定交子只能在四川地区使用，而我们印象中的那张纸币上的第一句话就是"除四川外"，可见其是在四川以外的地区流通的纸币，因此它绝不是交子。

现代学者们研究后认为该钱应为"崇宁小钞"或"崇宁钱引"更为确切，它是在四川纸币成功发行后，宋朝统治者逐渐把这一经验推广至全国。作为新生事物，发行者和使用者对其认识不到位，发行、管控措施疏漏是极易出现的问题，当时政府对通货膨胀的问题认识不足，很多人认为发行纸币是"一本万利"甚至"无本万利"的事，只要把纸张和雕版准备好，钱就滚滚而来。这种肆无忌惮地大量印币，必然会导致钱币的贬值，到宋徽宗时期，交子滥用更甚。"幸好"北宋在徽钦二帝时期突然被灭国，北宋的交子才没有发展到像后世那样——贬值得几乎一文不值。

▲崇宁小钞拓本

南宋纸币

北宋灭亡后，宋高宗建立了南宋，定都临安（称为行在，即天子出行暂住的地方）。南宋继续印行纸币，南宋的纸币又经历了由会子到官子的发展历程，基本上继承了北宋制纸币的传统。在南宋与金朝接壤的江淮一带，为了避免南宋的铜钱流入金朝统治区，南宋政府规定边境地区只允许使用铁钱和纸币，甚至在临近边界的地区都不允许有铜钱出现。但即便如此，金朝想尽办法吸引商人们携带铜钱进行贸易，尽可能吸收南宋铜钱进入金国境内，金和宋为此进行了长达百年的博弈。

刚开始南宋发行纸币还比较规矩，但随着南宋与蒙古的战事不断，国家安全形势逐渐恶化，南宋开始更加疯狂地印制纸币，导致纸币迅速贬值。到南宋末年，纸币几乎无以为继，形同废纸，民间贸易重新回归铜钱、铁钱、金银、布帛甚至粮食等交易支付方式。

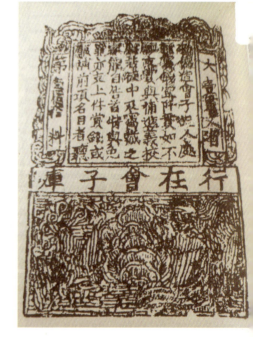

▲南宋会子拓本

第七章

辽夏金钱币

一、辽代天庆钱

历史总是惊人的相似。下面分享的故事似乎是同一剧本的翻拍，一则发生在辽代末代皇帝耶律延禧身上，一则发生在金代末代皇帝完颜永济身上。辽代的最后一位皇帝——天祚帝耶律延禧继位的时候，国家虽然表面上光鲜依旧，但内部早已腐朽。加之，耶律延禧并非明君雄主，跟大多数的亡国之君一样，他整日沉溺于酒色游猎之中，将国事全部抛之脑后。

时至今日，每年冬季的查干湖冬捕都能吸引无数人的目光，这项始于辽代的习俗，几乎成为冬日里吉林省松原市最重要的传统活动。人们在冰封的查干湖上凿冰捕鱼，辽代皇帝经常亲自参加，捕第一网鱼后，伴随着各种热烈的庆祝活动，举行盛大的头鱼宴。

故事始于又一年的查干湖冬捕，耶律延禧亲临，活动进展顺利，皇上捕到了头鱼，现场气氛热烈。当晚，头鱼宴大宴四方，宾主尽欢，酒熟耳酣之际，天祚帝耶律延禧趁着酒兴要求在座的女真贵族们跳舞助兴。女真贵族此时附庸于辽，无人敢公然抗旨。于是，在座的女真贵族们虽不情愿，但还是纷纷站起来，为皇帝跳舞助兴。然而，就在"君臣同乐"的舞会上，却有一人站在原地，纹丝未动，他目光冷峻，眼神里流露出阵阵杀气。面对这个不和谐"因素"，在场的契丹群臣义愤填膺，一个个摩拳擦掌，准备教训这个忤逆皇帝圣意的女真人。契丹大臣建议皇帝耶律延禧立即将这个胆敢顶撞皇帝的女真竖子拉出去砍了。但吊诡的一幕发生了，不知道是当晚喝多了酒，还是想显示自己的宽宏大量，皇帝竟然没有追究这个女真人的不敬，并说："野蛮人没读过书，没见过世面，由他去吧。"耶律延禧放走的这个人就是日后起兵灭辽的赫赫有名的完颜阿骨打……完颜阿骨打后来建立金朝推翻了契丹统治，而且最终将耶律延禧抓获。完颜阿骨打并没有处死天祚帝，反而将耶律延禧封王，让他"安享晚年"。

关于耶律延禧的死，历史上有多个版本。有的版本说他在被金朝俘虏后不久便被女真人秘密杀掉；也有的版本说他做了几年乐不思蜀的逍遥王后，一病呜呼……最为传奇的一个版本则说耶律延禧自亡国后，每日醉生梦死，耗死了三任金朝皇帝，一直活到金朝第四任皇帝完颜亮掌权。完颜亮觉得这些亡国之君留着无用，早该处死。他突发奇想，搞了一场当今皇帝与"退休皇帝"的马球争霸赛，把耶律延禧、宋钦宗（宋钦宗此时56岁）招集起来组队打马球。在比赛过程中，现任皇帝队各种飞铲、撞人、垫脚、下黑肘，宋钦宗被从马上撞下，不及起身，便被乱马踩死。而颓废已久的耶律延禧竟然老当益壮，杀掉周围的金军武士，夺了弓箭，射杀多名金军士兵，差点儿突围而去。最终，耶律延禧死于金军乱箭攒射之下。

作为契丹最后一任皇帝，耶律延禧铸行的货币目前发现了三种。第一种叫作"乾统元宝"，存世量极少。另有"天庆元宝"钱，存世量相对较多。此外，还有一款极珍贵的钱叫作"大辽天庆"，该钱面文中既有国号，又有年号，在中国古钱史上属于罕见，据说存世量仅为一至两枚。每每见到这些钱币，都不免令人联想到皇帝耶律延禧和他在头鱼宴上的"高抬贵手"……

由于"妇人之仁"而断送江山的事，还有金末完颜永济的故事，留作后话。

▲乾统元宝　　　　　　▲天庆元宝

二、伪齐走狗皇帝刘豫与阜昌钱

在金朝建立之初，女真人对于治理中原既缺乏经验，也缺乏信心，面对幅员辽阔的中原地区，显得有些不知所措。同时，作为渔猎游牧民族的女真人，通常每到一地劫掠一番之后就退兵而回，并无长期占领的打算。因此，女真人的策略是扶持傀儡，代为统治。女真人先后扶持了两个伪政权，一个是张邦昌的伪楚，另一个是刘豫的伪齐。在刘豫做伪齐皇帝期间，铸行了阜昌钱，即阜昌元宝、阜昌通宝、阜昌重宝等钱。阜昌钱因为文字秀丽、铸造精美，不但被民间乐用，还受到了金朝统治者的认可，甚至在刘豫被废后的很长时间里，金朝仍然在其统治区继续使用阜昌钱。客观而言，阜昌钱的艺术水准确实很高，因此在古钱币收藏界也受到部分人的追捧。

可惜，"白铁无辜铸佞臣"，阜昌钱的艺术水准再高，也改变不了其伪政权钱币的属性，刘豫做伪首时的种种倒行逆施更使得历代古钱币大家对此钱嗤之以鼻。刘豫被人骂作走狗也好，汉奸也罢，总之在这家伙的字典里是没有"节操"二字的。金军攻打北宋时，身为济南知府的刘豫面对滚滚而来的金兵，在济南城被围后被吓得肝胆俱裂，全无退兵之计，更无守城之志，他的第一反应竟然是投降。当时刘豫手下还有一员大将可用，就是大名鼎鼎的大刀关胜。熟悉《水浒传》的朋友，应该对大刀关胜比较熟悉，他武功高强，作战勇猛，人称关公再世。按照一般人的想法，手下有这么一员猛将可以依靠，死守济南，击退金兵，完全可以放手一搏。然而，刘豫早就被吓破了胆，一心只想投降，作为投降金军的投名状，刘豫竟然将关胜杀害，然后恬不知耻地开城投降了。

金朝人一看，刘豫这家伙是个彻头彻尾的软骨头，所以扶持他来当个伪皇帝代为统治，女真人放心。跳梁小丑刘豫就这么摇身一变，成了伪齐政权的皇帝。沐猴而冠的刘豫称帝后，做的

▲阜昌元宝（正面）　　▲阜昌元宝（背面）

最缺德的事是刨人祖坟。身为宋臣的他，竟然设立淘沙官，专职盗墓，将北宋历代皇帝的陵墓全刨了，成为中国历史上盗墓行业的"翘楚"之一。由于刘豫的盗墓行为属于官盗，收益自然有保证，金银财宝、古董珍玩攫取无数。当然，盗墓所获大部分被刘豫孝敬给了女真人。

刘豫帮助金朝镇压占领区的百姓更是不遗余力，敲骨吸髓，还组织伪军跟着金朝主子一起向南攻打南宋。天道轮回，报应不爽。刘豫坏事做绝，但最终也没逃过被卸磨杀驴的结局。随着金朝统治的慢慢稳固，女真人准备直接管理中原地区，不再需要刘豫这个代理人。于是，金朝派大将完颜昌以迅雷不及掩耳之势突入金城，将伪齐政权一举歼灭，并活捉刘豫。不过，金朝人并没有杀掉刘豫，先是将其贬为蜀王，后来又贬为曹王。刘豫最终悲死他国。

阜昌钱面文真书、篆书常常成对，书法精妙，素为藏家珍视，由于铸行时间不长，存世量较少，近世越发受到重视，其中通宝折二钱、重宝折三钱更是世所罕见。

左　阜昌重宝（正面）

右　阜昌重宝（背面）

三、才可自立、欲可自毁的金海陵王与五笔正隆钱

在介绍海陵王与正隆通宝前，我们先说一个新发现。据《金史·食货志》记载，金代铸钱始于海陵王正隆年间。但前些年考古出土的"天眷通宝"钱却推翻了这一历史记录。天眷是金熙宗时期的年号，由此可知金代铸钱至少始于金熙宗统治时期。其实《金史·食货志》闹出的这个乌龙并不稀奇，因为该书对金代铸钱情况的记述本就不甚全面，金代钱币诸如崇庆、至宁、贞祐、天兴钱都不见于记载。

金朝第四任皇帝完颜亮，在历史上通常被称为海陵王或海陵炀王。这是因为金世宗政变登基后将完颜亮贬为海陵王，并谥号炀，就是隋炀帝的那个"炀"字。按照《谥法》的解释，炀字意为好内远礼、去礼远众、逆天虐民，可见是贬损之意，并且强调这位仁兄非常缺乏礼仪礼数，做出许多有失人伦的事。

金熙宗晚年猜忌多疑、喜怒无常，在臣子眼中此时的金熙宗很可能有些精神失常。皇帝非常嗜杀，动辄杀人，搞得朝臣宗室、近侍官宦无不人人自危，大家都害怕说不定哪天屠刀就落在自己的脖子上。当金熙宗弥留之际，完颜亮敏锐地把握住机会，纵横捭阖，巧妙施展了他的政治手段，迅速控制了局势，夺取政权，成为金朝的第四位皇帝。

完颜亮从小便自命不凡，自诩胸怀大志。据说他曾经标榜，男人一辈子要有三个人生目标：第一，率师伐国，执其君长问罪于前；第二，天下大事皆自我出；第三，尽得天下美色而妻之。意思是我要御驾亲征，统一全国，把那些敌对国家都消灭了，将

他们的国君抓来，跪在我面前，由我问罪。我还要让天下所有大事都由我说了算。至于完颜亮的第三条人生目标，就是要把天下有姿色的女人都招纳到后宫里来。称帝前的完颜亮时常持扇招摇过市，而扇子上则是他亲笔所书：大柄若在手，清风满天下。完颜亮嚣张的造反野心可见一斑，这要是在明清时期，估计早被凌迟一百次了。完颜亮竟然能在金熙宗晚年严酷的政治环境中保全性命，绝对堪称侥幸。

完颜亮称帝后开始践行自己的三大人生目标。为了能够率师伐国、统一天下，他进行了一系列的政治改革，使得金朝的国力迅速提升，发展迅速，女真人的统治更加稳固。据说，完颜亮有一次读到北宋著名词人柳永的词作《望海潮》，其中言"重湖叠巘清嘉，有三秋桂子，十里荷花"之句，不禁击节赞叹人间竟有如此美景，于是更加坚定了一统天下的决心。按照金朝与南宋之前的约定，逢年过节、皇帝生日，双方都会互派使节进行庆贺，完颜亮就借使臣去南宋的机会，命使臣悄悄画下杭州的美景。使臣带回的画作被完颜亮挂在自己宫里，每日"观摩"。他还在画上题了一首诗，"万里车书一混同，江南岂有别疆封。提兵百万西湖上，立马吴山第一峰。"完颜亮以此表明自己要御驾亲征，攻灭南宋，完成统一全国的夙愿。此外，坊间传闻完颜亮执意南征的另一个重要原因是，他听说宋高宗有个妃子刘氏，乃天下绝色，倾国倾城。海陵王顿时心旌摇曳、想入非非，所以，为了实现"人生理想"，完颜亮下定决心率师攻伐南宋。

前文说到完颜亮的谥号是炀，释为好内远礼，这"好内"就专指他的好色特性。那么，完颜亮的好色到什么程度呢？其实一句话就可概括，但凡有姿色的女人，无论是有血缘关系的亲族女眷，还是显贵高官家的妻女姊妹，全部被他掠进宫中，从不避讳。在被完颜亮强行召入后宫的贵妇名单中包括后来登基称帝的金世宗完颜雍的妻子乌林答氏。海陵王完颜亮召见乌林答氏的原因，一是听说乌林答氏貌美惊人，二是试探完颜雍的反应，找机会除掉可能对自己皇位构成威胁的完颜雍。于是，完颜亮直接给时任济南尹的完颜雍下旨，让乌林答氏进宫陪皇帝聊天。乌林答氏为了保全丈夫及全家，只得启程奔赴中都，但为了恪守名节，她最终在返京的路上自杀身亡。在留给完颜雍的遗书中，乌林答氏希望自己的丈夫"卧薪尝胆，一怒而安天下"，此言可以说为后来完颜雍抓住时机自立称帝埋下了伏笔。

完颜亮的后宫虽然已是佳丽三千，但海陵王仍嫌不足，心里时时惦记着宋高宗的妃子刘氏。终于，他觉得准备就绪了，集结全国兵力，开始南征。可惜，命定难转，纵使海陵王倾全国之兵攻宋，仍不能取胜，采石矶一战更是被虞允文指挥的宋军打得落花流水。完颜亮志在必得的南征无果而终，部队滞留在长江边骑虎难下。向前？攻不过长江；向后撤退呢？牛都吹出去了，实在是心有不甘。

恰在此时，时任东京留守的完颜雍抓住机会，举事称帝，废完颜亮为海陵王，并改年号为大定。由于完颜亮当政时期对女真贵族、宗室的严苛打压，加上南征前后的政策不得人心，使得完颜雍起兵后应者云集，很快便得到金朝宗室和各地高官的响应。当时身处前线的完颜亮听说完颜雍称帝并改年号为大定后，一拍大腿，仰天长叹：天意啊！原来，完颜亮本来想攻灭南宋之后，就把年号改成大定，意为天下大定。怎知，完颜雍提前完成了"大定"，海陵王被踢出了局。为了防止军心溃散，完颜亮下令严格封锁消息，准备指挥金军做最后一搏。但前线的金军将领多数原本就不想打仗，此时得知后方完颜雍已自立为帝的消息，纷纷动摇，准备杀掉完颜亮，归附完颜雍。这些金军将领找借口将完颜亮身边的亲军支走，趁夜发动兵变，杀死了完颜亮。

完颜亮统治的正隆年间，铸行了正隆通宝钱。正隆通宝钱存世量较大，普通版别的正隆通宝较为常见，但其中所谓的"五笔正隆"钱较少，乃古泉界藏品中一珍品。普品正隆通宝钱面文中的"正"字为四笔构成，即外侧一竖与下面一横连在一起，由一笔写成。所谓"五笔正隆"钱就是其面文"正"字由五笔构成，该字的左边或下边笔画有出头。除此之外，铁质的正隆通宝钱也比较少见，同样是古币收藏中的一项珍品。

正隆元宝

文艺青年皇帝铸钱（三）　金章宗及其铸钱

金世宗统治时国家进入鼎盛时期，金世宗统治下的中国北方出现了海晏河清、国泰民安的盛景，世宗甚至被誉为"小尧舜"。传说世宗皇帝有一天夜里做梦，梦见有一个人轻轻地走到他的床头。世宗非常惊讶，忙问来者何人。只见此人一副恭恭敬敬的样子，柔声细语地说：我是道君皇帝呀。道君皇帝是何许人也？道君皇帝就是宋徽宗赵佶。宋徽宗在位期间非常迷信道教，崇信道士林灵素。他始终坚信林灵素是得道高人，在林灵素的帮助下宋徽宗终将有一天能够得道成仙。宋徽宗崇信道教到了佞道的程度，他曾自称道君皇帝，打算做一个政教合一的统治者。金世宗明白了，来人是赵佶。世宗警觉，诘问赵佶要干什么。赵佶依然恭敬地回答：我来恭喜陛下。金世宗一个激灵，从梦中惊醒，他长出一口气，还好是个梦。不久，一个太监前来禀报：太子妃生了一个儿子。此后，一个传言开始在金朝宫廷里流传，新生的男孩完颜璟就是宋徽宗赵佶转世……

金世宗很早就立了原配乌林答氏的儿子允恭为太子，可惜天不假年，允恭竟死在了金世宗的前面。虽然金世宗还有其他的儿子，但是出于对皇后的眷恋，世宗决定立允恭的儿子为皇太孙，这孙子就是后来的金章宗完颜璟。金世宗把自己晚年几乎所有的精力都放在了对完颜璟的培养之上，完颜璟也不负众望，从小就表现出在文艺方面极高的天分。尤其令人拍案叫绝的是，完颜璟写了一手漂亮的瘦金体字。他书写的瘦金体与宋徽宗的字简直是一般无二。东晋顾恺之的名画《女史箴图》，其上有一段题字曾被历代书画鉴定专家认定为是宋徽宗的题跋，但是后来才发现竟然是金章宗所书，可见完颜璟书写的瘦金体字与宋徽宗的字何其相似，以致许多书画鉴定专家都难以区分。

历史上的金章宗是位著名的文艺皇帝，他留下的书画作品非常多，而且艺术造诣极高。完颜璟统治时期女真人极速汉化，皇帝推崇儒学，甚至因此打压佛道两教。上有所好，下必甚之。在皇帝的表率下，女真人全面接受汉文化的影响，很多女真人甚至连本民族的语言和文字都抛弃了。在全面汉化的同时，北宋以来汉族日趋孱弱的民族性格问题也转嫁到女真人的身上，他们再不是当年骁勇善战的马背民族。"女真不满万，满万不能敌"的彪悍时代一去不复返。

南唐后主李煜、宋徽宗赵佶统治末期国破家亡，金章宗比他们稍稍幸运，至少在他的任上，国家还是一派歌舞升平的太平景象。但是，源自蒙古高原的乌云已经滚滚而来，从斡难河畔南下的蒙古铁骑已经踏上灭亡金朝的征途。章宗死后不过几十年，金朝最终在蒙古与南宋的夹击下彻底败亡。后人在总结金朝败亡的教训时，往往会说金朝的衰败源于章宗时期。

金章宗时期的铸币达到了中国古代铸币史上艺术水准的又一次高峰，他铸行的泰和重宝钱，由著名文人、内阁学士党怀英所书，玉箸篆体隽永秀丽，钱币铸造规整细致，受到古钱币爱好者的普遍追捧，也为后世许多书法爱好者提供了灵感。章宗时期还铸行有泰和通宝钱，面文用瘦金体书写，端庄娟秀，高度存疑为章宗御笔亲书，其中尤以当十钱罕见，相传仅存世三枚。

除此之外，金章宗时期还铸行了一种银铤，叫做承安宝货。承安宝货也是古钱币收藏界中的一大珍品，史书上略有记载，但却长期没有实物被发现。民国时期，很多古钱币收藏家都在揣测"承安宝货"到底是什么钱币，许多人坚持认为承安宝货钱为传统的圆形方孔铜钱。1981年8月，黑龙江省阿城县出土一枚一两半

▲泰和重宝

▲泰和通宝

▲承安宝货银铤

承安宝货。同年9月，黑龙江省人民银行在进行盘库时，意外发现了几枚银铤，其上赫然刻着"承安宝货"字样。至此争论方休，确定承安宝货是银铤无疑。

四、完颜永济与崇庆、至宁钱

上文曾言，与天祚帝耶律延禧一念之差铸成大错的故事有异曲同工之妙的另一则故事发生在金朝末年。这次故事的主角是金卫绍王完颜永济。金章宗统治末期，国家已显露出颓败的趋势，但金朝这个大花瓶至少从外部看来仍是美艳光洁的。相对于国家的金玉其外，金章宗个人的苦恼令他耿耿于怀。执政多年的章宗皇帝始终没有子嗣，虽然此前也曾有皇子出生，但都夭折了。章宗死后，宫中尚有两个遗腹子，此时承御（后宫嫔妃等级制度中的一级）贾氏和范氏都已怀有身孕。章宗安排他的叔叔卫绍王完颜永济作为托孤大臣，并嘱托完颜永济：这两个孩子出生之后，如果有一个男孩，就让他继承皇位，如果两个都是男孩，就择优录取。但章宗却没说如果生出的两个都是女孩，或者这两个遗腹子根本无法出生该怎么办。

完颜永济在章宗面前一向表现得唯唯诺诺、胸无大志，所以金章宗对他很放心，委以重任。可惜，在权力的巨大诱惑面前，完颜永济并不是周公。章宗死后不久，完颜永济就昭告天下承御贾氏和承御范氏的这两个孩子都没能生下来，胎死腹中。之后又将这二人全部赐死，同时将章宗宠幸的元妃李氏，也一并处死。至此，完颜永济牢牢掌握了政权，登基称帝，但因为他后来被废，故而历史上通常称其为金卫绍王。

作为金朝皇帝的完颜永济容貌出众，是金朝屈指可数的美男子。据史料记载，他每次外出都吸粉无数，是女为之倾倒。可惜，除了欺负孤儿寡母，完颜永济实在是治国乏术，而性格懦弱则是他的根本缺陷。金章宗时期，已经统一蒙古诸部的成吉思汗仍是金朝附属，慑于对传统强国金朝的忌惮，成吉思汗尚未动不臣之心，甚至成吉思汗曾亲自率领朝贡队伍到金朝朝贡。在朝贡过程中，其中一次负责接待成吉思汗的金朝王爷正是完颜永济，当时的完颜永济还是卫王殿下。成吉思汗看出了完颜永济的懦弱无能，在朝贡的过程中表现得十分高傲，甚至有些桀骜不驯，拒绝进入大帐朝拜卫王殿下。面对无礼的成吉思汗，完颜永济周围的人议论纷纷，谏言成吉思汗将来可能成为心腹大患，不如当机立断将其除掉。然而，妇人之仁的卫绍王看着不羁的成吉思汗，这个不愿意给自己下跪行礼的蒙古领袖，却说：由他去吧。完颜永济不知，此举非但没有使成吉思汗感恩戴德，反而令蒙古人看清了金朝的外强中干，宗主国在其心中的地位一落千丈。

完颜永济篡夺皇位后，宣告他登基的圣旨送到蒙古，传旨的人要求成吉思汗跪下接旨，成吉思汗反问谁当了皇帝，使者回答卫王殿下。成吉思汗冷冷地说：听说中原的皇帝都是从天上下界的天子，没想到像卫王这样庸懦之人也能做皇帝呀。使臣闻言十分气愤，诘问

▲成吉思汗铁木真

成吉思汗：这是臣子应该说的话吗？成吉思汗霍然而起，气愤地说：谁是你的臣子？

虽然卫绍王做了皇帝，但金朝与蒙古的矛盾已经不可调和。历史曾经给过金朝机会，但等到完颜永济做皇帝的时候，成吉思汗早已羽翼丰满，蒙古已然是一只尚未暴起的猛虎。卫绍王曾经想利用一次朝贡的机会派部队将成吉思汗率领的朝贡队伍悄悄围而歼之，后因走漏消息，使成吉思汗成功逃脱。此时的成吉思汗下定决心率领大军南下攻打金朝，在野狐岭之战中歼灭金军四十万，一战动摇了金朝的根本，完颜永济为自己当年的一念之仁付出了沉重的代价。

完颜永济的懦弱还表现在对前线统兵大将胡沙虎的处理上。在蒙古大军攻打大同的时候，胡沙虎弃城而逃，还私自杖杀涞水县令。针对这样一个临阵脱逃的将军，完颜永济在群臣的净谏声中将其免职，但不久之后又令其起复，委以重任。当又一次蒙古威胁到来时，完颜永济除了催促胡沙虎率兵迎敌外，再无计可施。然而拥兵自重的胡沙虎已尾大不掉，他非但不听皇帝的旨意，还调转枪头杀回中都城，连夜诛杀大臣，发动政变，完颜永济沦为阶下囚。失去皇位和权力的完颜永济在惶恐中并未等待太久，就被一杯毒酒结束了生命……

完颜永济做皇帝时铸行了崇庆通宝、崇庆元宝和至宁元宝钱。其中崇庆元宝和至宁元宝目前都仅有孤品存世，乃古钱收藏界的大珍品。尤其是篆书崇庆元宝钱，铸造精细，堪称美钱，其优雅的外貌与悲凉的身后故事，似乎恰是完颜永济人生的缩影，颇值玩味。

▲崇庆元宝拓本　　　　▲至宁元宝拓本

金代纸币

与南宋同时存在的金朝同样发行纸币，名为"交钞"。史料记载金朝发行纸币始于海陵王时期，其发行纸币的时间甚至早于铸行铜钱的时间。金代交钞同样没能逃出滥发导致通货膨胀进而纸币迅速贬值的窠臼，但因海陵王、金世宗统治时期国家处于上升期，经济形势较好，因此纸币的问题不那么突出。金代发行交钞较前代有一重大进步，金世宗大定二十九年政府规定将原来七年一届（更换）的纸币改为无限期使用。相较于交子每三年以旧换新，金代交钞每七年更换一届的前例，大定二十九年的这次币制改革取消届期，从此纸币可以无限期使用，已与今天的钱币使用规则无异。

金朝末年宣宗统治时期，国家又开始疯狂发行纸币，纸币泛滥，贱如厕纸，严重的通货膨胀更是加速了金朝的灭亡。金朝纸币如覆巢下之卵，跟随它的王朝一起湮没在历史之中。但无论是南宋纸币，还是金朝纸币，其发行和使用的经验都被元朝继承，从而成就了中国纸币的又一次大发展。

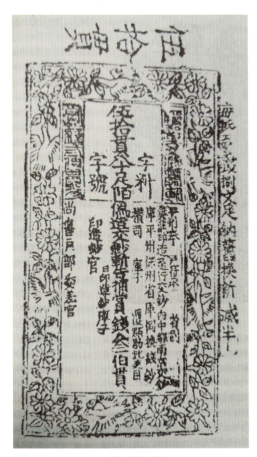

▲金代交钞拓本

第八章

元代钱币

一、元代纸币

元朝发行纸币自元世祖忽必烈建立元朝始，先后发行了"中统元宝交钞"和"至元通行宝钞"。其中，"中统元宝交钞"贯穿有元一代始终在印行，此后的元朝皇帝当中，虽然偶有印制纸币的，但通常是在某一特定时间段或在某一特定区域内进行，唯有中统钞实现了全时空全疆域使用。元代在纸币印行上较前代又有新的进步，政府颁布的《至元宝钞通行条划》，是我国历史上首次颁布的一套规范纸币印行、使用的条例，在纸币印行史上具有里程碑式的意义。

《至元宝钞通行条划》中规定了税收、贸易必须使用纸币，并且确立了纸币作为官方唯一货币的地位，金银仅作为存储之用，铜钱不

▲元世祖忽必烈

▲至元宝钞

允许使用。此外，《条划》再次明确了对于伪造纸币行为的处罚，规定造假者一旦被发现则立即处死，告发者则有重赏等等。无疑，《至元宝钞通行条划》的颁布是中国纸币制度走向成熟的标志之一，使得上至国家、下至个人在纸币使用过程中都能做到有法可依，意义重大。

二、元顺帝与权钞钱

元朝的最后一位皇帝孛儿只斤·妥懽帖睦儿，史称元顺帝，有趣的是"元顺帝"这个名号却是继元而起的明朝所赠。在元末农民起义的浪潮中，朱元璋的势力逐渐壮大，最终统一了南方，建立明朝。之后，他派遣徐达、常遇春率领明军北伐，当北伐军到达大都（今北京）时，元顺帝已经率领蒙古朝臣贵胄出逃，一路跑回了蒙古高原，蒙古人在入主中原不满百年后又回到了他们来时的地方。朱元璋认为这位元朝皇帝识相，知道顺天应时，因此给了他这个"元顺帝"的称呼。

元顺帝并非庸碌之辈，他历经曲折登上皇位，又施展手段扳倒了权倾朝野的权臣伯颜，之后重用脱脱为丞相，实行了一系列政治改革，取得了很大成就。元顺帝统治初年，元朝似乎结束了之前的混乱局面，国家开始朝着积极的方向发展，那时没人会想到元朝最终要在他的手上灭亡。可惜，元顺帝重蹈了历史上很多颇有建树皇帝的覆辙，在其统治前期取得成绩后，便躺在功劳簿上睡觉去了，等到一觉醒来，环顾四周，发现国家已是遍地烽火、一地鸡毛。

众所周知，铸钱制币也是需要考虑成本的，即使国家经营此事也不可能做赔本生意。中国历史上多次出现的国家停铸货币的情况，往往是因为铸钱成本已经超过了所铸钱币的价值。元顺帝时期发行的权钞钱，以铜钱比价纸币，是完全背离铸钱规律之举，也从侧面体现出蒙古人治国水平的低下。权钞钱正面面文是"至正之宝"四个字，出自著名书法家周伯琦之手，由于该钱字体精美、铸造精良，达到了元朝铸钱的最高水准。该钱背面则为计值，目前发现共有五种面值，从五分到五钱不等。该钱穿孔上面还有一个"吉"字，一般释为吉州或吉州路的缩写。整体而言，无论什么面值的权钞钱都非常值得收藏，其中又以五钱面值者最为少见，收藏价值尤高。作为中国历史上唯一以铜钱比价纸币的钱币，谁不想一睹权钞钱的芳容呢。

农民起义政权铸币

中国历史上农民起义建立的政权有铸行货币之举者，是发轫于北宋太宗淳化年间的，由四川茶农李顺、王小波发动的农民起义。此次起义攻占成都，李顺自立为大蜀王，年号"应运"，不久后改年号为"应感"，大蜀政权铸行了"应运元宝""应运通宝"和"应感通宝"钱。

▲应感通宝

北宋初期的统治者对四川地区的态度非常耐人寻味。四川地区自古便有天府之国的美誉，相对密闭的地理环境和宜人气候，造就了富足安乐的川渝和人民。历史上割据此地的政权，一方面由于地处鱼米之乡而吃喝不愁，另一方面因出产蜀锦，行销全国，而为四川带来大量财富。三国时期，诸葛亮治蜀期间就是凭借大量的蜀锦"出口贸易"，赚取"外汇"，支撑起他的北伐事业。当北宋灭掉割据四川的后蜀政权时，将领们把战利品献给赵匡胤，其中包括后蜀皇帝孟昶用过的马桶，名曰"七宝溺器"，此马桶上镶金缀银，嵌满了宝石。宋初的统治者在四川地区施行特殊化统治，四川被规定生活、贸易中只允许使用铁钱而不是铜钱，逼得四川人想出推行纸币的法子。诸如此类的打压政策不胜枚举，官逼民反，最终促成李顺、王小波起义的发生。此次起义时间并不长，李顺、王小波在攻占成都后不久，便被北宋政府镇压，造成他们铸行的"应运元宝""应运通宝""应感通宝"钱都十分短命，铸行量也很有限。物以稀为贵，这就造就了古钱收藏中的又一珍品。

发生在元末的农民起义，即红巾军起义中，多支起义割据政权铸行了钱币，在此稍作梳理。红巾军起义具有浓厚的宗教色彩，发轫于民间白莲教信仰的长期影响。身为白莲教首领的韩山童利用白莲教"弥勒佛降生""明王出世"的传说，大肆宣扬救世主即将出世，鼓动底层民众反抗元朝的暴虐统治。同时，他们还对外宣称韩山童是宋徽宗八世孙，以此号召人民。至正十一年五月，韩山童、刘福通正式举起义旗，掀起了轰轰烈烈的元末红巾军起义。此后不久，韩山童牺牲，起义军在攻占安徽亳州后立韩山童之子韩林儿为小明王，定国号为宋，年号龙凤，并铸行"龙凤通宝"钱。该钱规制形同元朝至正钱，分为小

▲龙凤通宝折三

平、折二、折三数种，制作工整，为民间所乐用。

以徐寿辉为首的另一支红巾军在攻占蕲水后，亦宣布建政，国号天完，年号治平。天完政权发展迅速，攻城略地，一度控制两湖、江西、浙江、江苏等广大地区，并先后改元太平、天启、天定。并铸行天启通宝钱和天定通宝钱，计值均分为小平、折二、折三。

后来，徐寿辉部将陈友谅杀主夺位，颠覆天完政权，自立为帝，改国号为汉，改元大义。颇具讽刺意味的是，陈友谅标榜"大义"，却杀了自己的大哥。最终，陈友谅被朱元璋灭掉，"大义"政权宣告覆灭。陈友谅所铸大义通宝钱形制完全效仿徐寿辉天启、天定钱，究其原因，大义钱仅仅是在徐钱基础上换字而来。

同为红巾军支脉的朱元璋

▲天启通宝折三

▲大义通宝折二

同样不安分，他在称吴国公时便铸行了大中通宝钱，其所铸大中通宝钱背面通常铸有地名，目前所见大中通宝钱包括了明朝治下的大多数地区，因此有人会产生疑问，难道朱元璋提前预知自己天命所归，所以将各地名提前铸于钱上？其实，相当部分的大中通宝钱是在明朝建立后补铸的。例如北平钱，是在明朝建立之后铸行的。朱元璋铸行大中通宝钱时规定，该钱四百文为一贯，四十文为一两，四文为一钱，钱分五等：小平、折二、折三、折五、折十。由于该钱铸行于元末战乱之际，情况复杂，其中许多钱因稀少而成为古钱珍品。如折五钱中背京、背北平、背桂五、背五福等，均堪称凤毛麟角的罕见品。事实上明朝建立以后，朱元璋就开始使用"洪武"这个年号了，并铸行洪武通宝钱。朱元璋在洪武年间补铸大中通宝钱之举，开启了明朝后代王朝补铸前代王朝钱币的先河。

除此之外，当时的割据政权中张士诚也在高邮建政，国号大周，年号天佑，并铸行天佑通宝钱。张士诚所铸天佑通宝钱是将承天寺中的佛像销熔改铸而成，大小分为四种，即小平、折二、折三、折五。天佑通宝钱背面直接以一二三五的字样标明计值，其中以背二钱尤为少见，乃古钱币收藏中一珍品。

明末农民起义与清末农民起义中的铸钱情况留作后文详解。

▲元代大中通宝小平（正面）　　▲元代大中通宝小平（背面）

▲元代大中通宝折三（正面）　　▲元代大中通宝折三（背面）

▲明代大中通宝折二（正面）　　▲明代大中通宝折二（背面）

▲明代大中通宝折三（正面）　　▲明代大中通宝折三（背面）

▲天佑通宝

少数民族政权所铸以民族文字为面文的钱币简述

　　契丹人建立的辽朝曾铸行天朝万顺钱，"天朝万顺"四字以契丹文书写，该钱铸行的具体年代不详，推测铸行于契丹建政初期。天朝万顺钱目前已发现的实物分为铜、银两种材质钱币，铜制币面文为阳文天朝万顺四字，银制币则以阴文雕刻天朝万顺四字。

▲天朝万顺钱（契丹文）

　　党项人建立的西夏王朝曾长期与辽、宋对峙并存，强盛一时。但随着蒙古攻灭西夏，西夏文字一度湮没于历史的尘埃之中，成为无人能够解读的死文字。一次重大考古发现中，发掘出一本西夏文字典，上有西夏文与汉字、契丹文的对应解释，西夏文终被破译，得以复活。西夏铸钱中精品颇多，也曾使用西夏文铸钱，例如贞观宝钱、大安宝钱、乾祐宝钱等。

元朝建立后，元世祖忽必烈曾命他的老师、西藏高僧八思巴创制蒙古新字，史称八思巴文。元朝曾以八思巴文铸行钱币，如至元通宝钱、大元通宝钱。

努尔哈赤建立后金，以天命为年号，曾铸行天命通宝钱，该钱分为汉文版和满文版。其后即位的皇太极最初年号为天聪，后改号崇德。天聪时期后金曾铸行天聪汗钱，为传统的圆形方孔钱式，面文采用满文。与努尔哈赤铸钱的不同之处在于，天聪汗钱仅有满文版，而无汉文版钱币。

以上为中国古代影响较

▲乾祐宝钱（西夏文）

▲大元通宝（八思巴文）

▲天命汗钱（满文）

▲天聪汗钱（满文）

大的少数民族政权以其民族文字铸造钱币情况的概
述。对于广大古钱币收藏爱好者而言，或许可以另辟
蹊径，将此作为古钱币收藏中的一个类别加以收集整
理，亦颇为有趣。

第九章

明代钱币

一、纸币

明朝于洪武八年开始发行 "大明通行宝钞"，此为中国历史上钱面最大的纸币（最大者票幅达338mm×220mm），与元代纸币相同，同样采用桑皮纸印刷。明朝原计划建立以钞为主、以钱为辅的货币混合流通体制，但在相当长的时间内，明朝政府仅以纸币为官方钱币，甚至一度停止铸行铜钱。明代纸币继承了元代纸币的很多特点，例如，效法元代始终使用"中统钞"之故，

▲大明通行宝钞（正面）　　　▲大明通行宝钞（背面）

有明一代仅使用"大明宝钞"一种纸币；明朝纸币在票面设计上也与元代纸币极为相似。但大明宝钞的一大独特之处在于洪武朝以后印行的宝钞，始终沿用洪武年号。明朝纸币在发行过程中也经历了和元朝一样的问题：由于长期无节制地印刷发行，最终导致严重的通货膨胀，难以为继。至弘治年间，宝钞已经完全失信于民间，并导致币制大乱。因此，嘉靖四十五年政府最终下令废除纸币。

二、影响深远的永乐通宝

永乐皇帝也就是明成祖朱棣，虽然是通过"靖难之役"抢了自己侄子朱允炆的皇位，但人们却又不得不承认他是一位颇有作为的皇帝。嘉靖年间，嘉靖皇帝将朱棣的庙号改为"明成祖"，也从侧面印证了后人对朱棣功绩的认可。在永乐皇帝的治理下，明朝社会空前繁荣，为后来朱高炽、朱瞻基的太平统治，即

▲永乐皇帝画像

所谓的"仁宣之治"打下了坚实的基础。

在文化方面，永乐皇帝组织编修了《永乐大典》，成就了中国文化史上的一大盛事；在政治方面，朱棣对朱元璋晚年过于严酷的刑罚做出调整，相对宽和的政治环境更有利于国家发展；在军事方面，朱棣继续打击退回蒙古高原的北元势力，为明朝建立起一个较为稳定的外部环境；在外交方面，为了扬国威于四方，永乐皇帝派遣郑和先后进行了六次下西洋的壮举（郑和第七次下西洋在明宣宗宣德年间），向印度洋进行远航，船队最远抵达非洲东海岸及红海沿岸。

郑和，人称三宝太监，原姓马，是云南的少数民族人，信仰伊斯兰教，在明初傅友德平定云南少数民族叛乱时被俘。年幼的郑和被净身后送到南京，之后被分配到朱棣的王府，逐渐成为燕王的心腹。因在"靖难之役"中的郑家坝之战立下战功，被赐姓"郑"。为什么朱棣会选择由郑和来领导下西洋的远航呢？原因有三：首先，下西洋的船队规模宏大，远航情况复杂，途中很可能还会涉及一些军事斗争，所以主帅需要有强大的领导能力与丰富的军事斗争经验；其次，考虑到郑和本就信仰伊斯兰教，而东南亚很多地方也都信奉伊斯兰教，这样比较容易形成心理认同；最后，郑和是朱棣的心腹，方便执行某些不为人知的秘密任务。当年"靖难之役"胜利后，朱棣派郑和去祭奠他的乳母冯氏，由此可见朱棣对郑和的信任。坊间传言，郑和下西洋的最主要目的是寻找建文帝的下落。当时疯传，建文帝逃出南京后出海去了南洋，于是永乐皇帝派郑和下西洋秘密寻找建文帝，并将其带回以免出现政治动乱。

郑和船队在永乐帝时期六次出海，在宣德朝第七次出海，故史称"郑和七下西洋"。时至今日，在非洲东海岸和红海沿岸的许多地方仍保留有大量的明代遗物，甚至还有明代移民的后裔，他们是当年郑和船队留下的"种子"。在大航海时代到来之前，郑和下西洋无疑是人类历史上最伟大的航海事业，甚至可以说，郑和下西洋在技术、文化传播方面的作用与西方大航海时代远航的意义难分伯仲。而与西方大航海给世界各地人民带去杀戮、掠夺、侵略不同的是，郑和下西洋为沿途国家和人民带去的是先进的文化、技术，以及和平相处的理念。就此而言，中国明代的远洋航行，其积极意义远超西方大航海何止百倍！

　　跟随郑和船队一起到达遥远非洲的中华文化产物中还包括永乐皇帝铸行的永乐通宝钱。如今在东南亚甚至非洲东海岸、红海沿岸的一些地方常有"永乐通宝"出土，恰恰从侧面说明了当时海上贸易的繁荣。由于永乐通宝钱铸造精美、质量上乘，因此在海外贸易当中备受追捧，大家都乐于使用这种钱币，永乐通宝俨然就是那个时代的国际货币。不仅如此，永乐通宝钱的巨大影响力甚至渗透到文化层面。终结日本战国时代的织田信长，其家族的家徽之一就是永乐通宝钱。当时织田信长麾下许多足轻（步兵）背负的旗子上就赫然画着永乐通宝钱，盔甲上也画着永乐通宝的形象。

　　由此可见，永乐通宝钱的影响力早已超过了货币本身的价值。永乐通宝钱是郑和下西洋——这一人类航海壮举的见证者，同时也是朱棣开创的中华盛世的见证者。

第九章　明代钱币

▲织田家足轻盔甲、旗帜

▲永乐通宝（正面）

▲永乐通宝（背面）

三、万历皇帝自掘祖坟

在介绍万历年间铸行的矿银钱之前，我们先来了解下它的神奇主人——明神宗，就是万历皇帝朱翊钧。这位皇帝谥号神宗，他的一生真是够神的。明史专家孟森先生曾有言"明不亡于崇祯，实亡于万历"。从万历皇帝开始，明朝走向衰亡，到他孙子崇祯皇帝时，国家矛盾积重难返。朱由检只能面对"非亡国之君，而当亡国之运"的结局。

作为明朝在位时间最久的皇帝，万历在他近五十年的皇帝生涯中，却有二十多年"罢工"，不上朝。有人对此解释为他的身体缺陷，

▲万历皇帝画像

腿脚不便。1958年考古人员打开万历皇帝的定陵，研究他的遗骸后发现其确实腿脚有残疾。事实证明，万历皇帝绝对堪称身残志不坚的典范，肢体的残疾令他更不愿意活动，每天消磨时光的方式就是坐在后宫数钱。万历是个如假包换的守财奴，他命人在宫里挖了个大坑，里面装满白银。后人常常批评万历皇帝格局太小，正所谓"普天之下，莫非王土；率土之滨，莫非王臣"，天下都是你的，何必在意那点儿小钱呢？其实，从万历三大征（到朝鲜打日本、平定哮拜的叛乱、平定杨应龙的叛乱）可以看出，万历皇帝每每在国家大事的关键时刻从不迷糊。

万历皇帝一心想立自己宠爱的郑贵妃所生的儿子朱常洵为太子，而朝臣要求皇帝遵守祖制立长子朱常洛为太子。因为立太子之事，皇帝与群臣闹得不可开交，一气之下，万历竟然罢工——从此不再上朝。皇帝罢工导致国家在相当长的时间里处于空转状态，许多政府部门连工作人员都配不齐，国家机器完全是凭借惯性在运转。上梁不正下梁歪。皇帝都不上朝，下面的官员更是懈

怠旷工，甚至大搞违法乱纪之事，明朝的国家机器迅速腐化、糜烂。

接下来看看作为守财奴的万历皇帝留下的"遗产"——矿银钱。万历皇帝在敛财方面绝对是把好手，他派太监去各地监督银矿的开采情况，将开采出的白银制成银钱、银锭直接献给万历帝，存入内帑，而不入国库。自认为握有尚方宝剑的太监们在开矿过程中，徇私舞弊，贪污腐化，对百姓的剥削敲骨吸髓，严重激化了阶级矛盾，加速了明朝的腐朽和灭亡。可恨的是，万历皇帝对此并非一无所知，太监们在地方上的种种恶行皇帝是知道的，但他却并未加以阻止。一次万历皇帝得了重病，眼看要咽气。人之将死其言也善，他下令叫停各地开矿，把派去监督管理的太监们全部招回。此举说明万历皇帝也知道开矿不得人心。但是，等万历病情稍稍转好之后，他马上又反悔了，急忙收回成命，一切如旧。万历开采的白银，一部分铸成了银锭，另一部分则铸成了银钱。银钱正面是"万历通宝"四个字，其形制与普通的万历通宝钱一样，该钱背面穿孔上下有"矿银"二字。该钱大小分为四种，即一分、三分、四分、五分。一分银钱，直径1.8～1.9厘米，重量3克左右，其他银钱则随着面值的增大，尺

▲万历通宝（正面）

▲万历通宝（背面）

寸、质量也随之增大。此外，有一款"万历年造"钱，也是由矿银制作，该钱正面是"万历年造"四个字，背面穿孔的右侧为八钱、九钱等记值字样。万历皇帝凭借其"孜孜不倦"的怠政和贪得无厌的欲望一锹一锹亲手挖掘着明朝的坟墓，宫中存放矿银的巨坑何尝不是朱由校、朱由检们的墓室呢？矿银钱是万历苛政的缩影，是对"自掘坟墓"一词的真实诠释。

▲万历矿银钱

四、"月光族"泰昌帝朱常洛

泰昌帝朱常洛是明朝在位时间最短的皇帝，仅仅一个月而已。虽然说起来贵为天子，但实际上朱常洛的一生可谓悲催至极。

万历皇帝朱翊钧不喜欢朱常洛这个儿子，首先是因为他的生母仅仅是位普通的宫女。有一天万历皇帝去太后宫中看望太后，偶然发现其中一位姓王的宫女颇有姿色，便宠幸了她，完事后万历还赏赐了宫女一个物件权当留念。但没过多久宫女发现自己怀孕了，再找万历，皇帝竟不承认。宫女只好拿着万历赏赐的物件去禀告太后。太后核实情况之后非常欣喜，立刻认下了这个孩子。万历无奈，也只好认下。十月怀胎，一朝分娩，王氏宫女就生下了小皇子朱常洛。可惜万历皇帝始终对小皇子十分冷淡，对宫女王氏也极为冷漠，他把薄情算演绎到极致了。

万历皇帝宠爱的是贵妃郑氏，恰好郑氏也生下了儿子，即朱常洵。爱屋及乌，万历打算立朱常洵为太子。但是，明

▲泰昌帝画像

朝的祖宗家法是"有嫡立嫡，无嫡立长"，即皇后所生自然为太子，若皇后无子，则立皇子中年纪最大者为太子。万历皇帝的想法无疑违背了家法，在面对维护祖制的文官集团反对时，即使身为皇帝，万历也不得不向文官势力低头。经过长期斗争，最终还是做出让步，将朱常洛封为太子，封朱常洵为福王。

万历去世后，朱常洛成功继位，改年号"泰昌"，史称泰昌帝。泰昌帝在继位之初，表现出比他父亲愈加强烈的进取心，他将万历皇帝晚年的诸多弊政加以整改，举措颇多，如免除矿税银，召回在外太监，完善政府机构等等。万历晚年朝政中的许多积弊被改革，一系列德政受到文官集团的普遍肯定，他们对泰昌帝评价甚高，寄予厚望。但历史却跟所有人开了个大大的玩笑，泰昌帝只有一个月的皇帝命。常言道，色是刮骨钢刀，泰昌帝用切身经历再次证明了这一命题的正确性。在朱常洛继位后，之前谋害过他的郑贵妃出于自保，给泰昌帝送去八位美女。泰昌帝得

到美女后，身体状况以肉眼可见的速度迅速垮掉，各种补药一通猛招呼后，又导致强阳之症。这时有太监向皇帝献上大黄。皇帝病急乱投医，大黄功效过甚，皇帝身体严重受损。

经过几轮反复弯折，泰昌帝这根铁丝就算是铁棍，也要断了。就在泰昌帝准备托付后事之际，又有大臣进献"仙丹"红丸。病床上的泰昌帝本着死马当活马医的心态，抱着破罐子破摔的想法，吃了一粒。别说，仙丹果然有奇效，泰昌帝竟然有了食欲，恢复了进食。想着继续延寿续命，泰昌帝就又吃了一粒仙丹，结果没看到奇迹发生，当晚就去世了，这就是明末著名的"红丸案"。

一般皇帝过世后，新皇帝要等到下一年才开始使用新年号，并开始铸钱。但由于泰昌帝在位时间过于短暂，实际上还没有开始使用自己的年号，根本没来得及铸造自己的年号钱。我们现在看到的泰昌通宝钱实则由他儿子明熹宗天启皇帝为其补铸的，所以数量较少。其中，一款因"泰"字左侧少一点而被称作"心泰泰昌"的钱尤为罕见。

泰昌通宝

第九章 明代钱币

五、鲁班皇帝——明熹宗

明熹宗朱由校，这个人在历史上最为人所知之处，或许是他任用的那位九千岁大太监——魏忠贤。但就个人而言，朱由校的木匠手艺在历朝历代的皇帝里，绝对无人能出其右。因此，很多人称呼明熹宗为"木匠皇帝"。明熹宗可以说是一位不世出的木匠天才，其手艺精巧绝不逊于任何专业人士，甚至被誉为"明朝鲁班"。他每天不理朝政，专心做木匠活儿，秉持自己动手丰衣足食的原则，做桌子、凳子、折叠椅，还做宫殿模型、建筑小样，总之是斧凿不离手。为了显示皇帝的木工手艺高超，他命宫中太监将他的作品拿到宫外去卖，常常被秒抢，轻松卖得数百两银子。朱由校用木头做小机器人，机器人通过发条驱动，可以自己活动。明熹宗将明朝的宫殿、关帝庙、天坛按一定比例制作模型，门窗皆可开合，令人叫绝。

▶明熹宗画像

明熹宗醉心于木匠活计，把朝政全部交给了大太监魏忠贤。可惜魏忠贤却不像他的名字那样是个忠贤之人，他纠集无良朝臣，组成阉党，把持朝政，打击东林党，专横弄权，在朝廷里广布党羽，收干儿子、干孙子收到手软。朝廷大臣排队争着给魏忠贤当走狗，阿谀逢迎、攀附投靠之人更是踩烂了他家的门槛。魏忠贤的嚣张跋扈，连皇帝都对他忌惮三分。一次魏忠贤与其妻（皇帝所赐对食，即名义夫妻）客氏乘坐龙舟在西苑（今中南海）游玩，明熹宗恰好也游玩至此，却只能划一只小船。说巧不巧，皇帝乘坐的小船竟突然翻覆，朱由校掉进了水里。皇帝都命悬一线了，周围的人还不忘花式吹捧，赋诗"须臾一片欢声动，捧得真龙出水来"。"真龙天子"朱由校没被淹死，但受到惊吓并且着了凉，没过多久便一命呜呼了。

朱由校十六岁继位，在位仅仅七年，由于没有儿子，就把皇位传给了他的弟弟信王朱由检，也就是明朝的最后一位皇帝——崇祯。临终之时，朱由校在病床上嘱咐自己的弟弟：吾弟当为尧舜。说明朱由校也知道不该荒废政事，要勤政爱民，可惜一切都晚了。孟森先生曾指出明朝实亡于万历，但不得不说天启皇帝也难辞其咎。到朱由检当皇帝的时候，明朝已然病入膏肓，政治苛弊积重难返。虽然朱由检励精图治，但其种种举措就好像给一位病重之人连下猛药，反而加速了其走向死亡的进程，明朝如一架行将坠毁的飞机急速垂直冲向了地面。

颇具匠心的天启皇帝除了做木匠

▲天启通宝

活，还大修宫殿，耗费惊人。政府因此大肆增设铸炉，日夜鼓铸，使得天启钱数量甚多，版式也较为复杂。由于天启朝廷阉党乱政，朝野上下乌烟瘴气，许多钱局在铸钱时偷工减料，粗制滥造，导致恶钱泛滥。由于铸钱材料中掺铅过多，许多天启钱出现掷地而碎的现象，其质量之恶劣，可见一斑。

古钱币与谶纬之学（三）

明末崇祯朝的"跑马崇祯"钱也深陷谶纬之说。作为明朝最后一任皇帝的朱由检不可谓不勤勉，但其刚愎自用、急功近利而又缺乏担当的性格造成他越勤恳，国家越羸弱、越混乱。明朝的大病之躯本应遵循老子所言"治大国如烹小鲜"的理念慢慢调养，却在崇祯皇帝的猛火爆炒下，更加快速地走向死亡。崇祯皇帝指派大臣去干脏活儿、累活儿，事后再算后账的恶劣做法，使得满朝文武对其离心离德。当李自成的农民军逼近北京时，崇祯多么希望有大臣提出衣冠南渡、天子南狩，跑去南京暂避一时的方案，可朝臣们却个个作壁上观，袖手旁观。最终，朱由检只能坐困愁城，待在北京城里，等待煤山自缢这个最后时刻的到来。

"跑马崇祯"钱的独特之处在于其背面特殊的图案，此钱正面与普通崇祯通宝钱无异，但其背面穿孔下方却是一匹马的形象。在中国古代，官方正式铸行的货币中出现动物形象是极为罕见的。所以，当这款带有跑马形象的崇祯通宝一经问世，便引起民间物议汹汹，坊间传言这预示着"一马乱天下"，大明朝气数将尽。还有人附会，钱币穿孔代表"门"字，下面是个"马"字，二者合在一起就是个"闯"字，而当时的农民起义军领袖高迎祥、李自成，恰好号称"闯王"。果然，最终李闯王攻破北京，崇祯皇帝以身殉国，明朝灭亡。

▶崇祯皇帝画像

▶跑马崇祯背面

杀人狂魔也铸钱（二） 张献忠

下面说到的"杀人狂魔"是明末的农民起义将领张献忠，那么张献忠的嗜杀到什么程度呢？据说他每天都要杀人，一天不杀人就浑身不自在。他攻占四川后，百分之九十的当地百姓惨遭毒手。在他占领成都期间更是将偌大的成都府杀得仅剩十几户人家。张献忠的嗜杀不仅是对敌人残暴，甚至连身边的人都难以幸免。一次，张献忠醉酒后，命左右将其家人全部杀死，其中包括他唯一的亲生儿子。次日，张献忠酒醒后大怒，斥责周围人为何不加以阻拦。于是，他又将周围侍从也尽数处死。还有史料记载，有一天晚上，张献忠与自己的小妾饮酒作乐，为了助兴，竟命手下人抓来一群妇女，将她们的"三寸金莲"全部砍下，堆成一个小山丘似的"脚山"，以为娱乐。看着眼前的"脚山"张献忠突然说道："可惜没有一个完美的小脚来拔尖！"酒意正浓的小妾炫耀似的抬起了自己的"三寸金莲"，谄媚地说道："您看我的这双脚怎么样？"张献忠觉得十分满意，于是拔出刀来，一刀结果了小妾的性命，砍下那双完美的小脚，将其放置在"脚山"之上，继续一边饮酒一边欣赏起来。

张献忠率领的起义，烧杀淫掠，无恶不作。他号称要效法明朝政府开科取士，号召十里八乡的读书人都来应试，结果来求功名的读书人全做了断头鬼。张献忠所领导的农民起义不得人心，清军入关后很快便被镇压，张献忠也兵败身死。诚如李世民所说：民为水，君为舟，水能载舟亦能覆舟。张献忠应时刻心系百姓，而不是对百姓横加盘剥、随意屠戮。

张献忠在攻占成都后建立政权，国号大西，年号大顺，铸行大顺通宝钱，皆为小平钱。大顺通宝钱铸

▲大顺通宝背下工（正面）

▲大顺通宝背下工（背面）

▲银质西王赏功（正面）

▲银质西王赏功（背面）

造精良，其中背"川户"字样者极为罕见。除此之外，他还制作了一款精美的钱币用于赏赐手下将士，名为"西王赏功"。此钱使用金、银、铜三种材质铸造，其中金、银材质的较为少见，在当时即为珍贵之物。近年来，在四川彭山江口打捞出来的"张献忠沉宝"中，就有不少金、银材质的西王赏功钱。今天，如果有机会观赏，甚至触摸这些张献忠钱币时，您会想起那些令人不寒而栗的历史瞬间吗？您能感受到那凝结于古钱币上的凛凛肃杀之气吗？这些古钱币的背后，是一段记忆，一次反思，一个教训。

▲张献忠江口沉宝之——永昌大元帅印

人有撞衫，钱有撞名

布泉

新朝王莽铸行的布泉钱与北周武帝时期铸行的布泉钱，是历史上有名的撞名、重名钱币。这两款布泉钱，钱文完全相同，但区别也比较明显。王莽布泉钱使用的字体是悬针篆，其中"泉"字中间一竖是断开的；北周布泉钱字体则为玉箸篆，"泉"字中间一竖一笔而成，未有中断。此外，王莽布泉钱因其精美，颇受民间追捧，被誉为"男钱"，据传孕妇佩戴可生男孩。但后世藏家往往搞混，将北周布泉当"男钱"供奉使用，则是以讹传讹、谬以千里了。

王莽布泉钱钱形雅致，气势非凡，直径约2.5厘米，重约3.4克；北周布泉钱铸行于武帝保定元年，形制规整，直径约为2.6厘米，重约3.4克。

▲布泉（王莽）　　▲布泉（北周）

天启通宝

元朝末年，红巾军起义中的徐寿辉起义军曾经铸行过天启通宝钱；明朝末年，明熹宗也曾使用天启这个年号，铸行天启通宝钱。在中国历史上，非常忌讳重复使用前朝年号的情况。纠其原因，不一而足。或许是明熹宗的手下大臣们疏忽，或许是故意为之。总之，他们给皇帝推荐了一个短命割据政权曾使用过的年号。冥冥之中，或许预示了明熹宗在位的时间不会太长，明朝的气数也将逐渐散尽。

▲天启通宝（徐寿辉）　　▲天启通宝（明熹宗）

那么，如何区分徐寿辉天启钱与明熹宗天启钱呢？其实还是比较容易判断的，大致有三个要点：第一点是材质不同，徐天启为红铜材质，明天启则为黄铜材质；第二点差别在外郭，徐天启的外郭比较窄，明天启的外郭比较宽；第三点在于字体的差别，天启通宝中的"启"字，两个版本的书写方式不同，比较来看也很容易加以区分。明天启钱的铸行量非常大，

存世量也很多，因此并不罕见。但徐寿辉的天启钱，
因其铸行时间短，铸行区域有限，而成为古钱收藏中
的珍品。

太平通宝

北宋太宗统治时期使用的第一个年号是太平兴
国，并铸行了太平通宝钱，这是宋朝铸行年号钱的滥
觞。太平通宝钱效法唐朝开元通宝钱形制，特点比较
鲜明，其"通宝"二字与开元通宝钱的"通宝"二字
几乎一致。

太平通宝钱的再次出现则是在数百年之后。清
朝末年，随着太平天国运动的兴起，各地义军纷纷揭
竿而起，在上海的小刀会也发动起义，并铸行太平通
宝钱。小刀会铸行的太平通宝钱有三种版式：第一种
版式为光背；第二种版式为背面穿孔上下有日月纹；
第三种版式则为背面穿孔上有日纹，穿孔下是一个
"明"字，小刀会以这种带有日月纹或明字的钱币表
达其反清复明的政治主张。无独有偶，同一时期，主

▲北宋太平通宝　　　　　▲清末小刀会太平通宝

要活动于浙江地区的天地会也曾经铸行太平通宝钱，其太平通宝钱背面穿孔上有一个"文"字，或是穿孔左右有满文的"宝云"二字。

总之，即便是重名的古钱币，只要注意细节上的差别，便可判定其时代及铸造者的大致信息，这或许也是广大古钱币收藏爱好者浸淫其间、自得其乐的重要原因之一吧。

中国古代铸币技术简述

大齐通宝钱是古钱币收藏中的一大珍品，其中有两枚最为传奇的钱，一为"缺角大齐"，一为"四眼大齐"。更为神奇的是，这两枚传奇古钱竟然同范，即这两枚钱是由同一个模子中铸造出来的。大齐通宝钱铸行时间极短，存世量极少，在世所罕见的钱币中还能出现同范的情况，堪称神奇。

▲大齐通宝拓本

中国古代的铸钱工艺发展进程，大致可分为四个阶段。第一个阶段姑且称之为简单铸钱阶段。简单铸钱主要流行于商周朝时期，一般使用石范铸造，后来逐渐改进为使用泥范铸造。该时期钱范制作较为简单，先将石块磨成砖板状，然后在上面雕刻出钱币轮廓，之后两块范合到一起，将熔化的铜水浇入范内，最后打开石范取出钱币，制作完成。但是石范雕刻缓慢，造成生产效率很低，所以后来逐渐改用黏土做钱范，即泥范。黏土制成的钱范再经过烧制成为陶范，从而提高了铸造钱币的效率和质量。

为了进一步提高生产效率，汉代出现了子母范铸钱的做法，可以看作是铸钱技术发展的第二个阶段。首先用青铜铸造一个母范，之后把黏土拍进去，再将范内的黏土倒出、烧制，便制成子范，两块子范合拢形成一个钱范，再把铜水浇入就制成了铜钱。此法中母范可以反复利用，制作子范的速度加快，铸钱的效率也大大提高。在此基础上，后又出现了范包，就是将钱范多层叠加，一次铜水注入后可以得到更多的钱币。

▲ 陶范　　　　　　▲ 范包（叠范）

唐朝出现的母钱翻砂法，标志着中国古代铸币技术进入第三个阶段。此法是在盒子中装入砂子，制成类似黏土质的钱范，然后把样钱放在上面，压制形成钱范，之后将铜水注入，从而获得需要的钱币。砂范在铸造完成后会被敲碎，以便取出铸好的钱币，因此砂范通常无法保存下来。所以，今天不难看到有石范出土，也时有泥范出土，但唯独难见砂范出土。母钱翻砂法铸钱，使得铸币效率大幅提高，同时此法铸造的钱币也更加标准、精美。母钱翻砂法自唐朝出现后一直沿用至清朝末年，最终被在洋务运动中引入的机器制币法逐渐取代。

　　在清末洋务运动中，大量的西方产冲压机被引入并用于制币，使得生产效率更高，制造的钱币也更加

▲古代铸钱图

精确、精美，机制币逐渐成为钱币制造的主流，开启了中国制币技术发展的第四阶段。民国肇始，云南、四川铸币局曾短期铸行民国通宝钱，福建铸行"福建通宝"和"福建省造"，甘肃铸行"辅币通用"，这是中国铸行圆形方孔钱的绝响，从此以后铸造钱币成为历史。

上　光绪重宝（机制币）

下　民国通宝

第十章

清代钱币

清朝是中国历史上最后一个封建王朝，共传十二帝，统治者为满洲爱新觉罗氏。从努尔哈赤建立后金起，总计296年。从皇太极改国号为清起，国祚276年。从清兵入关，建立全国性政权算起为268年。

清朝处在新旧交替的时期，所用钱种类很多，包括制钱、银两、铜元、银元、旧式纸币、银行币等。

清朝入关前，即后金时期，曾铸行满文的天命汗钱、天聪汗之钱和汉文的天命通宝。清朝入关后，继承了明代的钱币制度，发行制钱，面文一般为年号加通宝样式，顺读，基本都为小平钱。直到咸丰年间，为解决亏空、筹措军费，清政府发行咸丰大钱和大额纸币，造成国家通货膨胀。清朝末期，外国资本主义势力入侵中国，大量外国银元、银行券涌入，抢占中国市场。清政府为打破局面，也进行了钱币改革，中国银元、铜元、银行券开始出现。此外，三藩、农民起义军政权也曾铸行钱币。

一、天命汗钱、天聪汗之钱和天命通宝：入关前的后金政权制币

后金在入关前就开始在关外铸造货币，努尔哈赤天命年间，铸造了满文的天命汗钱和汉文的天命通宝。皇太极时又铸造了满文大钱天聪汗之钱。

入关前，东北地区相对封闭，经济十分落后，商业极不发达，满蒙部族交易时大多不使用钱，而是以畜牧多少计算财富，百姓之间的贸易还处于以物易物的阶段。加上后金在连年的战争中又取得了不计其数的财富，没有必要铸造大量本朝钱币。因此，后金钱币铸造量都很有限，存世量不多。并且后金时期的钱币都不是用母钱翻砂法铸造的，所以造成钱的大小不一，外郭不够规整，同时面文的差异也很大。

满文的天命汗钱直径23毫米，面文用满文书写，读法按照满文的阅读习惯，并不是汉文钱币常用的顺读或旋读，而是从穿左起读，按左右上下的顺序读。

汉文的天命通宝直径为2.3～2.7厘米，与天命汗钱同时铸造，面文楷书、顺读。

满文的天聪汗之钱依然采用了满文的书写习惯，但读法和天命汗钱也不相同，是从穿左起读，按左上下右的顺序读。背文模仿了明天启通宝大钱的样式，用满文书写了"十"和"一两"。

▲ 天命汗钱（满文）

▲ 天命通宝

▲ 天聪汗之钱（满文）

二、五帝钱：民间喜爱的吉祥之物

五帝钱相对来讲是现在最为常见的钱币，它指的就是清朝入关之后前五位皇帝铸行的钱币，分别是顺治通宝、康熙通宝、雍正通宝、乾隆通宝和嘉庆通宝。还有一种五帝钱的说法，是指秦朝铸的半两钱、汉代的五铢钱、唐朝的开元通宝、宋朝的宋元通宝和明朝的永乐通宝。

清朝这五位皇帝发行的铜钱制式统一，面额都为小平钱。民间传说，把这五枚钱币串在一起就可以挡煞辟邪，所以一直受到大家的喜爱。直到现在，很多人的家里、车上或是商店的门上都还挂有穿成一串的五帝钱。

那我们就来分别谈一谈这五个皇帝的钱币。

顺治通宝非常值得研究。由于顺治通宝是清朝入关后的第一种钱币，它奠定了清朝以后铸钱的基础，并且还继承了明朝钱币的主要特征，是一种典型的承上启下的钱币。

▲ 五帝钱串饰

顺治通宝是清世祖顺治年间（公元1644—1661年）所铸。顺治元年，清政府于工部、户部分别开设了宝源局、宝泉局两个铸币局，开始铸行顺治通宝。之后清廷迅速统一了中国，在各地都开设了钱局。各个钱局所铸的顺治通宝按照背文的不同可分为五种，也就是著名的"顺治五式"。顺治五式奠定了清朝制钱的格局，以后的清朝制钱很少有超出这五类的：一式为光背，钱背面没有任何文字；二式背面一个汉字，汉字代表制币局，如户、工、昌、云等；三式为"一厘"式，是在背面穿左书写"一厘"二字，穿右依然是代表制币局的汉字；四式为背满文钱，背面用满文书写了制币局的名称，只有宝泉、宝源两种；五式背文由满汉文同时书写，穿左为满文钱局、穿右为汉文钱局。其实从顺治五式钱背文的变化中，我们也可以看出清朝钱币形制的转化——一式二式还是遵循的明朝钱币形制，而背后出现的满文，则是代表了清朝的钱币形制。

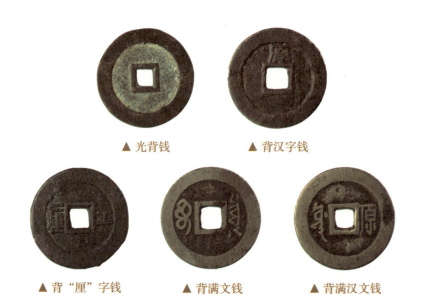

▲ 光背钱　　　　　　▲ 背汉字钱

▲ 背"厘"字钱　　　▲ 背满文钱　　　▲ 背满汉文钱

康熙通宝是康熙年间（公元1662—1722年）年所铸。初期只保留了户部宝泉局和江南江宁局二局，其余各局停铸，康熙六年才陆续恢复。康熙通宝的背文只有两种形式：一类是仿"顺治四式"的满文钱，钱背满文"宝泉""宝源"，是户、工两部所造；另外一类是仿"顺治五式"满汉文钱，共有24个制币局曾铸行此类康熙通宝。

▲ 康熙通宝

雍正通宝始铸于雍正元年（公元1723年），是顺治、康熙后的第三代清钱币，是相对数量最少、版式最简的

▲ 雍正通宝

一种制钱，其规范、精整，文字也空前的工整和统一，背文只有双满文（顺治四式）一种格式。雍正年间每省只设一个钱局，计有20个铸钱局，为：宝泉、宝源、宝浙、宝苏、宝河、宝黔、宝安、宝云、宝晋、宝武、宝昌、宝济、宝南、宝川和宝巩等。

清朝制币局

清朝前期，虽然铜钱面文为年号加通宝，且都为小平钱，但背文样式很多。这是因为清朝有多个铸钱局。铸钱局由朝廷统一监管，按照朝廷发布的新钱样式和铜铅锡等金属比例铸造新钱。

每个铸钱局铸造的新钱，大都会在背面用满文

或汉文标注自己钱局的名称，证明是该局铸造的。例
如：四川的宝川局，背面的字为"川"字；山东宝
东局，背面的字为"东"字；漳州局，背面的字为
"漳"字；宝广局，背铸"广"字。等等。

宝泉局 直隶—北京—户部	宝源局 直隶—北京—工部	宁夏局 甘肃—宁夏	宝蓟局 直隶—蓟州	宝直局 直隶—保定
江苏沪江局 江苏—松江府上海	宝桂局 广西—桂林	宝宣局 山西—宣府	宝津局 直隶—天津	宝沽局 直隶—天津大沽
宝原局 山西—太原	宝同局 山西—大同	宝安局 安徽—江宁	宝浙局 浙江—杭州	宝德局 直隶—承德—热河
宝福局 福建—福州	宝台局 福建—台湾	宝宁局 江苏—江宁（南京）	宝漳局 福建—漳州	宝奉局 东北—奉天
宝河局 河南—开封	宝昌局 江西—南昌	宝武局 湖北—武昌	库车局 新疆—库车	宝武局 湖北—武昌
宝南局 湖南—长沙	宝巩局 甘肃—巩昌	宝苏局 江苏—苏州	宝吉局 吉林—吉林	宝黔局 贵州—贵阳

▲ 清代制钱背满文注解图

宝云局 云南—昆明	宝广局 广东—广州	宝伊局 新疆—伊犁	宝新局 新疆—迪化	宝晋局 山西—太原
宝川局 四川—成都	宝东局 云南—东川	宝东局 山东—莱州	宝济局 山东—济南	宝迪局 新疆—迪化
宝临局 山东—临清	宝陕局 陕西—西安	阿克苏局 新疆—阿克苏	喀什克尔局 新疆—喀什克尔	

▲ 清代制钱背满文注解图

　　清入关后，首先在工部和户部设立宝源和宝泉两个中央铸钱局，这两个铸钱局铸造了清代历朝钱币。随后在各地又建立了一些地方铸钱局，大量铸造铜钱。

▲ 乾隆通宝

　　雍正十三年，雍正帝死于热河行宫，宝亲王即位，改元乾隆。最初清政府仍继续执行通货紧缩的政策，钱局较雍正时有所增减，乾隆四年停了宝河、宝巩、宝济三局，乾隆五年又开宝福局，七年开宝桂局，十年开宝直局。乾隆通宝铸于清高宗乾隆年间（公元1736—1795年），钱面文字"乾隆通宝"以楷书书写，其字从上而下而右而左直读，钱背文字沿雍正满文钱式穿孔左边有"宝"字，穿孔右边铸有各局名。"乾隆通宝"要求重一钱二分，书法铸工都比雍正时更为精美。

公元1796年，高宗让位，仁宗登基，改元嘉庆。嘉庆年间，清政府允许百姓使用白银，并且再次整顿钱制，增加铸造量，铸行"嘉庆通宝"。最初所铸力求工整美观，钱重一钱二分，面文仍用宋体，背文为满文局名。钱面文字"嘉庆通宝"从上而下而右而左直读。钱背满文左"宝"，右记局名单字。少数钱背星月纹以及记地或吉祥汉字（桂、福、寿、康、宁），吉语背文，如"天子万年""国泰民安""天下太平""日日生财""嘉庆万岁""唯和唯一""如卖三倍""四方来贺""五世同堂"等多达20种，是钱局为吉庆所铸之钱，也叫吉语钱，参与流通，为历代古泉所仅见。

嘉庆年间，由于政府开支加大，官炉偷工减料，各地方钱局所铸制钱质量下降，造成有的文字不清、钱重减轻、钱体减小、钱质低劣等，民间把这种制钱称为

▲ 嘉庆通宝

"局私钱"。到嘉庆末年，朝廷对此束手无策，下旨允许缺铜的钱局自行停铸，如要继续出钱，必须足重一钱二

分，否则罪其省府。因此各省纷纷停铸。市面上的铜钱有所减少，使得物价也跟着下跌了。

在五帝钱中，还有一枚含有吉祥祝福寓意的钱币，称为"罗汉钱"。罗汉钱其实就是康熙通宝的异品钱。"罗汉钱"的面文亦为"康熙通宝"，但与普通的"康熙通宝"有明显不同，表现在如下几点：普通"康熙通宝"，"熙"字为左边多竖画，而"罗汉钱"则为正常熙字；普通"康熙通宝"的"通"字有两点，而"罗汉钱"则为正常通字；"罗汉钱"比普通的"康熙通宝"制作精良，而且铜质金黄光亮。

▲ 康熙通宝（罗汉钱）　　　▲ 康熙通宝

民间关于罗汉钱的传说甚多。相传清朝康熙皇帝派年羹尧西征平叛，在进军途中因军饷不足，无奈之下年羹尧向当地佛寺征借铜佛，熔化铸成"康熙通宝"钱，并许下心愿，待班师回朝，定将全数铜钱收回，并加倍铸还金身。为了便于识别，将原"康熙通宝"的"熙"字去掉左边一竖。不料回京后，年羹尧被革职入狱，于是这批铜钱就留在了民间。

第二种说法是：康熙年间，平藏的清兵把西藏庙宇中的金、铜罗汉熔化以后铸成了钱，所以才有"罗汉钱"之称，钱中含少量黄金。

另有一种说法是：大约道光年间，西湖名刹净慈寺在维修时，于罗汉肚内发现这种不同于常品的"康熙通宝"钱，和尚将这种钱分施给善男信女，说菩萨肚里的钱能保佑人逢凶化吉。于是，"罗汉钱"一名便普遍叫开了。

还有一种说法，"罗汉钱"是专为康熙皇帝六十寿辰而铸的"万寿钱"。康熙皇帝勤于国政，治国有方。康熙五十二年春三月，正值他六十寿辰，朝廷除隆重举行寿仪外，还特命宝泉局精铸一批小铜钱，称为"万寿钱"，就是俗称的"罗汉钱"，以示纪念。

这些说法虽已无从考证，但依然给这枚钱赋予了一层神秘的色彩。

由于罗汉钱铜质精良、制作精美，又有很多神秘的传说，民间一直把它当作吉祥、幸福的象征，用它"压岁"、婚嫁"压箱"、作为男女相爱"信物"，备受大家的喜爱。

三、道光通宝：鸦片战争下的亏损产物

道光通宝是道光年间（公元1821—1850年）所铸。共有21局铸行过道光通宝钱。

道光年间，大批鸦片非法输入中国，使得大量白银外流，中国的经济受到了严重的摧残。尤其是1840年鸦片战争爆发，更使

得清政府不得不支付大量军费，银价大幅度增高。各铸币局亏损严重、无力支撑，纷纷上奏请求停铸。道光二十一年（公元1841年），原本的21个制币局仅剩5个可以勉强维持。清廷一再要求各制币局重新开始铸钱，可大都开不多久就又停工了。

在这种情况背景之下，各制币局开始偷工减料，所铸出的道光通宝大小不一，轻重悬殊，质量大幅度下降。

▲ 道光通宝

四、咸丰重宝：筹措军费的无奈之举

为解决鸦片战争后严重的财政亏空和应付镇压太平天国起义所需的巨额军饷开支，咸丰三年（公元1853年）三月清廷决定铸行大钱。始铸咸丰重宝当十大钱，继而又开铸当五十、当百和当百以上大钱，并令全国各省迅速铸造、推行。由于咸丰大钱是在迫不得已的情况下仓促推行的，因此铸造情况十分混乱复杂。当值等次、大小轻重、铸造材质、铸造工艺、文字书体、钱文等在各局间（甚至在同一个铸局中）差异很大，还有当值大小与钱体大小轻重倒置的。

然而，铸行的大钱并没有起到预期的效果，例如由于人们的不信任，当十大钱只能折二行用，反而使得铸造亏本。而大钱的出现又引起了通货膨胀，清政府不得不恢复原本的制钱制度。

▲ 咸丰重宝

五、祺祥通宝、重宝：中国寿命最短的钱币

祺祥通宝是同治皇帝在位时发行的钱币。咸丰皇帝于咸丰十一年（公元1861年）七月驾崩后，清廷拟定第二年改元祺祥。预铸了祺祥通宝和重宝。不过，随着慈禧辛酉政变的发生，"祺祥"年号只存在69天就被废除，这种钱币便停止了铸造，刚刚出炉的钱币还没来得及使用，就不得不销毁，"祺祥通宝"也就成了中国寿命最短的钱币。祺祥钱币仅存少量雕母、母钱、样钱以及试铸钱币。

祺祥通宝铜质细腻，铸造工艺精美绝伦，钱文遒劲有力，富有神韵，赏心悦目。

六、同治通宝、光绪通宝、宣统通宝：清朝末年制钱的衰落

同治元年（公元1862年），各局开始铸行同治通宝钱，然而由于清朝已经走向衰落，铸钱亏损严重，许多钱局无力铸钱，仅仅发现他们铸行了样钱。各局铸行的轻重大小也差距很大。

到了光绪年间，朝廷仍由两宫太后把持，于光绪元年（公元1875年）铸行光绪通宝钱。这些钱依然使用的是翻砂法铸行，由于财力有限，大多质量低劣。

鸦片战争后，列强逐步强迫中国打开了国门，西方钱币也逐渐流入中国。清廷中的一些官员开始学习西方，用机器造币。1886年，中国首次出现了机制光绪通宝。光绪通宝是中国造币史上首次引进西洋机制造币方法铸造的第一批中国样式（外圆孔方）的行用钱。

▲ 同治通宝

▲ 宣统通宝

机制制钱起到了承上启下的过渡作用。

自咸丰大钱破坏了清朝原本的制钱制度后，清政府就再也没有结束币制混乱的局面。于是，清政府希望通过机器制币，大批量地生产出钱币，迅速占领市场，以结束混乱的局面。并且他们相信，机制币可以杜绝私铸。

然而，这些机制币没有铸行多久就因为亏损严重而停铸了。方孔圆钱的形状根本不适合用机器进行制造。李鸿章曾经上书评论机器铸钱："……人工既费，成数亦少……"相比之下，范铸法反而是铸行方孔圆钱更好也更便宜的方法。所以这些铸币局又恢复了翻砂法铸币。

光绪二十六年（公元1900年），第一枚铜元在广州开铸，代表着机制制钱开始被机制铜元所取代。

醇亲王之子溥仪继位后改元宣统，宣统年间全国各省几乎都已停铸制钱，仅宝泉局铸过一种重一钱的"宣统通宝"小平钱，数量也不多，分为大小两种。宝泉局所出的大钱直径在2.4厘米，小样钱直径1.8厘米。因为溥仪登基时只有3岁，加上钱也不大，因此民间把此钱称为"小宣统"。"小宣统"面文书法为楷书，背文为满文局名。宣统通宝是我国封建社会最后一个王朝的最后一位帝王铸行的最后一种方孔圆钱。

七、新疆红钱、西藏银钱：民族融合的见证

"红钱"为新疆地区所铸货币的非正式统称。清王朝在乾隆年间统一新疆以后，就立即在新疆开设了钱局。在新疆铸行的钱币由于材质为"紫铜"（红铜），钱币呈红色，所以被称为红钱。

新疆设立钱局之初，实行的是"双轨制"，即在南疆用红钱、北疆用与内地一样的制钱。虽都为清局铸钱，此时红钱和制钱的区别却十分明显。红钱使用红铜铸造，而制钱铜料多为黄铜。除材质不同之外，制钱的背面用满汉文书写，红钱背文穿右是维吾尔文的"叶尔羌"，穿左是满文的"叶尔奇木"（叶尔羌的音译，后改为叶尔羌）。后来随着钱局的发展，咸丰年间和光绪年间，也铸行了背后满汉文的红钱。由于红铜价高于黄铜，因此初期规定1枚红钱可换10枚制钱。后来则规定，此比价只在南疆有效，南疆以外只能与制钱等值流通。

红钱在新疆从乾隆直到宣统都有铸行，主要铸行的制币局包括叶尔羌局、阿克苏局、乌什局、宝伊局、库车局等，种类版别繁多。《新疆红钱大泉》中就记载了1755品之多。

▲ 清代阿克苏局铸钱

值得一提的是，嘉庆、道光、咸丰、光绪等年间都铸行过乾隆通宝，实行的是乾隆钱和新年号钱并铸的规定。后朝补铸前朝年号钱，这在铸币史上极为罕见，所以为什么会出现这种情况呢？这是由于乾隆皇帝为了纪念自己统一新疆的功劳，曾下旨给新疆各钱局："（乾隆通宝）永远恪遵，不必改悔另铸。"因此，继位的皇帝都曾在新疆铸行乾隆通宝，这也使得现在留存的乾隆通宝版别十分复杂。

此外，同治三年（公元1864年）时，热西丁在库车自立为汗，三年后被杀。他在此三年中分别在库车和阿克苏两地发行了两面都铸有察合台文（一说老维文）的红钱，面文意为"热西丁汗"，背面为城市名，是红钱的特殊品种。

新疆红钱是我国历史上又一种使用不同文字书写的钱币，是我国民族文化交融的产物。

西藏银币

西藏银钱是在西藏地区自成一系的钱币，称为章卡。钱币上的文字与图案多反映汉藏文化，形制模仿尼泊尔铸币，后又仿造方孔圆钱样式，在中间造一方孔图案，但并不穿孔。

　　西藏在乾隆、嘉庆、道光和宣统年间分别铸行了面文为汉文、背文为满文的钱币，依据藏族习惯，汉文为年号加"宝藏"二字，背文为"西藏珍宝"或"宝藏"。

▲ 乾隆宝藏（正）　　　▲ 乾隆宝藏（背）

八、三藩钱：割据一方与中央集权的矛盾

　　在清兵入关过程中，吴三桂起到了至关重要的作用，被封为平西王，而跟随清军入关作战的尚可喜、耿仲明也被分别封为平南王和靖南王。他们被合称为"三藩"。清初，清廷为了政局稳定，收买人心，给了三藩格外封赏。他们享有诸多特权，尤其是吴三桂，他可在辖区开炉铸钱，自置官员，甚至干涉邻省官员任命。据说，吴三桂和清廷同时任命官员，谁赴任快就由谁上任，而往往都是吴三桂任命的官员快人一步。这对清廷造成了巨大的威胁。

　　康熙即位后，面对如此局势，削藩已成为必然。康熙十二年，朝廷下撤藩令，吴三桂率先发动叛乱，自称"天下都招讨大元帅"，国号周，攻入四川、湖南。尚可喜之子尚之信、耿仲明之孙耿精忠亦叛，攻入浙江、江西等地，一时声势很大。他们在占领的地区分别铸钱，以充军费。

在清军的平叛下，尚之信、耿精忠先行瓦解，而后吴三桂的孙子吴世璠在昆明被攻陷后也自杀而亡，三藩之乱就此平定。

吴三桂叛乱前在云南所铸钱，及三藩叛乱后吴、耿所铸钱，在钱史上统称"三藩钱"。

三藩钱包括吴三桂受封平西王镇守云南时所铸的利用通宝、反叛称帝后在湖南所铸的昭武通宝、吴三桂死后其孙吴世璠所铸的洪化通宝，以及耿精忠在福建所铸的裕民通宝。

▲ 洪化通宝　　　▲ 利用通宝　　　▲昭武通宝

九、清末农民起义军的钱币：失败的救亡图存之路

1850年末至1851年初，由洪秀全、杨秀清、萧朝贵、冯云山、韦昌辉、石达开组成的领导集团在广西金田村发动反抗清朝的武装起义。后建立"太平天国"，并于1853年3月攻下江宁（今南京），定都于此，改称天京。

太平天国的钱币有金币、银币和铜币三种。金银币传世极罕，故其形制不详。铜币为"太平天国圣宝"。这类钱或面文"太平天国"，背文"圣宝"；或面文"太平圣宝"，背文"天国"；或面文"天国太平"，背文"圣宝"；或面文"天国"，背文"圣宝"。钱面背文互相轮换，钱大小轻重不一，大者比银元稍大，小者如制钱，品种不下二三百。

▲太平天国圣宝钱

（图片来源：中国钱币博物馆）

到天国后期，所封各王不顾禁令，纷纷私铸钱币，以获厚利。官铸、私铸的结果，使得太平天国钱币种类繁杂，花样百出。其品类与铸行数量均居历代农民起义军钱币之冠。

除太平天国外，其他多支农民起义军也都铸行了钱币。

小刀会是成立于厦门的民间秘密团体，属天地会支派，1851年传到上海。上海小刀会成员主要为上海的福建籍劳动人民和部分工商业主。清咸丰三年（公元1853年），上海小刀会在刘丽川的领导下起义，建立大明国，改元天运，并于次年铸行太平通宝钱，以响应太平天国运动。

此钱背有日月纹，日月为"明"，以表示他们反清复明的思想。

▲平靖胜宝

清咸丰四年（公元1854年），广东天地会的何禄、陈开、李文茂、陈显良与广西梁培芳等分别起事，后转移于广西。咸丰五年（公元1855年）攻下浔州，建立大成国。以浔州为首都，改称秀京，建元洪德。洪德二年（公元1856年）李文茂自封平靖王，铸钱平靖通宝和平靖胜宝。

清咸丰八年（公元1858年）浙江平阳县钱仓镇当过码头苦工的赵启等八人，按照天地会的传统组织形式，在钱仓镇北的北山庙成立金钱会，并铸"义记金钱"作为会员入会身份凭证。

▲义记金钱

（拍摄于中国钱币博物馆）

同治三年（公元1864年），遵义商人之子张保山，改名朱明月，诡称明代崇祯帝十二世孙，号军推为领袖，称朱王或秦王。"嗣统通宝"铜钱，就是张保山在贵州所铸。张保山农民起义币铸期极短，因而存世量少，加之清政府有意收集熔毁而鲜为人知。

十、清朝银锭：各具特色的称量货币

在古装电视剧中，银锭似乎是最为常用的货币，然而实际上，我国古代使用银锭的时间并不长，我们所熟悉的"元宝"一词的出现就更晚了。"元宝"最早其实是写在元代银锭（铤）背面上的，"元"即元代，"宝"即宝货。后来元朝虽然灭亡，但元宝的称谓却被约定俗成地保留了下来。

清代银锭是中国白银铸造和发展的鼎盛时期。虽然白银仍然处于称量货币的阶段，但作为贵金属货币，各省通用的宝银共计一百多种。所谓"大数用银，小数用钱"，白银已经成为社会经济生活中不可缺少的主要流通货币。

清代前期对银两的铸造采取放任政策，官方各地、钱庄、民间等都可以随意铸造，没有统一标准。所以银锭的样式和成色都有所不同。主要的样式包括元宝形、圆形、砝码形、牌坊形、腰形等等。

如此纷繁复杂的银锭交易起来并不方便，尤其是各地银子都成色不同，各地秤的标准也有区别，比如，北京标准的一两砝码（京公砝平）重36.05克，而广州的标准一两砝码（司马平）却重37.5克。

因此，要保证银两顺利地流通，就需要有一个权威机构专门负责银两的鉴定。于是，由官方批准的银钱行业共同组建的公

▲清代五十两银锭

▲清代五两银锭

▲清代五两银锭

▲清代十两砝码银锭

估组织便产生了。外地流入的银锭需要由公估组织批上成色和本地通行重量的字迹；当地炉房将银两铸造完毕之后，也必须送交当地的公估局鉴定成色、重量，在表明重量与成色之后方可在市面流通。这和现代纸币上的编号是一个道理。

尽管出台了这些政策，但是银两容易掺假，在实际流通中依然需要交易双方检验成色，而实际上做不到每一笔交易都会去检验银两的真假，这给使用带来了诸多不便。

然而清朝的税收却倚靠着这些银两而非有统一标准的铜钱，税收收上来的银两的成色、重量不同带来了很多问题。为此朝廷还设立了炉房和公议局，专门负责银两的铸造和鉴定。每到了收税之时，炉房负责将各省交付的银子化银重铸，公议局负责鉴定。炉房将银两铸造完毕之后，必须交由公议局鉴定成色、重量，打上"公义十足"的字戳，再加上炉房字号，方才能够交给度支部。

实银两和虚银两

清代的银两有实银两和虚银两之分。实银两就是指实物银锭，而虚银两是一种价值符号，并没有对应的实物，只是规定了名称、重量和成色，是一种银两通行的标准。

虚银两的种类和名目有很多，包括纹银、九八规元、炉银、洋例银、行化银、海关银等等。其中纹银是最早的虚银两，是康熙年间银两的标准成色，规定每一千两纹银含有九百三十五点三七四两纯银。全国各地都有自己的虚银两，例如九八规元是上海地区的虚银两，洋例银是汉口地区的虚银两。

▲戥子

（拍摄于乌鲁木齐博物馆）

在日常交易中，银子都是需要称量使用的，所以在做生意时，人人都带着一杆秤，或称戥子，用来称量银子。

至于碎银，多半都是由银锭切割而来。在商业交易中出现找不开钱，或者需要鉴定真假银锭的时候，人们会用专门的银剪把银子剪开，剪开的碎银会称量好加以记录。支付时用和所需价钱相差不多的碎银支付，剩余部分用铜钱补足。

十一、清末银元：洋务运动的产物

嘉庆、道光时期，在对外贸易的过程中，外国银币开始流入中国市场。这种银币当时称为洋银、番银、洋钱。外国银元流入之初，人们便发觉各种银元的规格、重量都有固定标准，于是便以个数交易行使，这种计算简便易行的优点受到人们的欢迎。

至道光初年，外国银元自福建、广东、江西、浙江、江苏等省渐至黄河以南各省，广泛流行，老百姓们给这些外国银元起了非常本土化的名字，有站人、坐人、大髻、小髻、蓬头、蝙蝠、双柱、马剑等多种名目的银元。当时这些地区"凡完纳钱粮及商贾贸易，无不一用洋钱"。市场上甚至出现了用外国银币套购中国白银的现象，引起中国白银大量外流。而且，外国人在中国用劣质银元换走了我国的优质银，并且使得外国银元充斥市场。在这种局面下，清廷朝野纷求对策，决定顺应时势，用金融手段驱除外币，自铸机制银币。

▲英国银元　　　　▲法国银元　　　　▲英国银元
（站洋）　　　　　（坐洋）

▲西班牙银元　　　▲墨西哥
　　　　　　　　　（鹰洋）银元

其实在外国银元开始大量在沿海地区流通时，民间就已经有了仿制银元样式自铸或委托国外造币厂制作的银元了，包括漳州军饷、老公银饼、上海银饼、上海一两等。但清政府始终没有官铸银元，甚至还下令禁止仿铸洋钱。但在上述局面下，清政府也不得不妥协，开始铸行银元。

清代机械自铸银元开始于吉林。光绪十年（公元1884年），中国第一套机制银币在吉林机器官局铸造厂诞生，全套共五枚，面额分别为一钱、三钱、半两、七钱、一两五种。因为这是中国最早的机制银币，加之此币铸造后未及盛行即被废止，所以传世稀罕，弥足珍贵。

中国大规模正式机制银币始于广东。光绪十五年（公元1889年），清政府批准两广总督张之洞在广东设局铸造"光绪元宝"银币。这种银币因为铸有蟠龙，俗称"龙洋"。这枚银元重七钱三分，因英文在正面，汉文在背面，和之后铸行的银元不同，所以又被称为七三反版银元。

以后，湖北、江苏、福建、直隶、吉林等十多省效法广东，群起自铸，都为谋利，但形式、重量、成色各不相同，十分混乱。由于滥铸，造成数量过剩。光绪二十五年，清政府下令统归广东、湖北两省铸造，遭到各省反对。

▲光绪元宝银元

光绪三十二年（公元1906年），张之洞又奉命在户部天津造币总厂铸造了大清银币，分一两、五钱、二钱、一钱，后改为一圆、五角、二角、一角。光绪年间和宣统年间也都铸造了大清银币。

▲大清银币银元

光绪三十一年（公元1905年），四川总督锡良奏请铸造四川卢比，以抵制在川藏以及周边地区流行的印度卢比。光绪三十二年（公元1906年）开始铸造四川卢比。四川卢比的正面是光绪皇帝侧相，背面有"四川省造"四字。面值有一卢比、半卢比和四分之一卢比三种。

▲四川卢比

　　然而，这些银元虽然铸成了银币的形状，却依然使用过去的计重习惯，依然没有摆脱银两制度的根本。尤其因为各地的银元种类太多，成色不足，反而使得虚银两的地位得到了巩固，银元依然以银两为标价，使用时须按重量、成色换算成虚银两，脱离了银元的按枚行使的本意。

　　直到清末民国以后，银元才慢慢不再计重使用。

元两之争

　　光绪十五年（公元1889年），张之洞奏准在广东设厂铸造银币之后，各省纷纷开铸银元。银元的铸造并没有彻底结束中国白银计重使用的旧传统，清政府也并没用考虑过改变当时的货币制度。且当时所铸银元是模仿墨西哥鹰洋，重量为七钱二分，与中国传统的银两制不符，造成了计算困难。因此，中国自己的银元问世后不长时间，清政府内部就对银元究竟采用两为单位还是元为单位进行了激烈的争论。

张之洞和袁世凯是"两派"的代表性人物。其观点可以概述为："中国自古以来用银的习惯便是以两为单位，最初铸造七钱二分属于权宜之计，为抵制外国货银进口而已；而且各国的币制，都是自行制定，中国又不是藩属国，如果铸造七钱二分银币则是褒国体而损主权；再者官府出纳，地丁钱粮等习惯用两，如果发行一两银币则不必折算，行用方便。"张之洞在光绪三十年（公元1904年）就率先在湖北铸造了一枚一两重的银元。

度支部的载泽是主张七钱二分币的"元派"，他的主要观点则是：目前沿海各省用墨西哥银元已久，同时各省所铸造的龙洋主币也均为七钱二分，故而因循而行，七钱二分更为便利；另外货币的主权标志是花纹字样，与重量、成色无关，铸造七钱二分银元无损主权；再者官府出纳，银两的平色极为复杂，其与一两银元依然需要折算使用，根本无法减少折算之繁难。

直到宣统二年（公元1910年）元派终于占了上风，《币制则例》出台。《币制则例》规定：大清国币单位定名为圆。不过由于清政府的倒台，《币制则例》没有真正实施。

十二、清朝铜元：从旧式制钱到新式铜元的变革

清朝的铜元是作为银元的辅币产生的，但实际上，铜元取代了传统方孔圆钱，成为老百姓主要使用的流通货币。

上文曾经提到，光绪年间，洋务派们曾尝试用机器制作旧式铜钱，然而方孔圆钱的样式根本不利于机器制作，各个铸币局都亏损严重，纷纷停止了铸行旧式铜钱。那么当时铸铜钱的机器就都改成了铸造铜元了。

光绪二十六年（公元1900年），两广总督李鸿章在广东第一次铸行铜元，随后，江苏、安徽、江西等各地也陆续开始改铸铜元。到光绪三十一年（公元1905年），中国的铜元铸造局就已经有15家之多。和机制旧式铜币不同，机制铜元获利很高，各省不但自己铸行，还将本地铜元纷纷向外省输出。清政府屡次下令限制铜元产量、限制铜元销往他省，但各省却坚决反对，依旧铸造，使得晚清至民国时期铜元泛滥，铜元泛滥导致了铜币贬值，银铜比价上涨。浮动的银铜比价使得铜元并没有银元辅币的功能，币制进一步混乱。

清朝时期的铜元大体上分为两种，即光绪元宝和大清铜币。

光绪元宝主要在光绪二十六年（公元1900年）至光绪三十一年（公元1905年）铸行。其正面上缘或左右（右左）为铸币地点名称，背面多为龙图。这一时期铜元呈现的特点是各厂局各尽所

能，自行设计，涌现出一大批具有各地特点的龙图、花式的铜元，这段时间也是铜元品种众多、图案丰富、版式版别繁杂的时期。

大清铜币主要铸造于光绪三十一年（公元1905年）至宣统三年（公元1911年）。正面为大清铜币字样，左右分列"户部"或"度支部"，上缘刊列干支纪年文字，各地造币均在正面中央

▲光绪元宝铜元

▲光绪元宝铜元（湖北省造）

▲大清铜币铜元（湖北省造）

铸一阴文省名简称（也有少数为阳文）以示区别。大清铜币多系户部统一制发祖模，所以背面统一为蟠龙图，又称"大清龙"。大清铜币中也有背水龙、坐龙等图案。有些还出现面背模具误（混）配的错版币。这一时期因清廷整顿钱法，裁并造币厂，铜元制式图案相对划一。

▶近代机制银元模具（拍摄于中国钱币博物馆）

清朝旧式纸币

清初对待纸币的态度是极其谨慎的。顺治八年（公元1651年）曾仿照明朝旧制制造纸币，称为"钞贯"，与钱兼行。

到顺治十八年（公元1661年）即停止发行。因其发行量小，且回收彻底，所以至今尚未发现清初纸币的遗存。

由于清政府末期军费支出浩繁，财政窘迫，清政府虽然对纸币的发行态度谨慎，但还是在咸丰三年（公元1853年）正式发行了"户部官票"和"大清宝钞"。

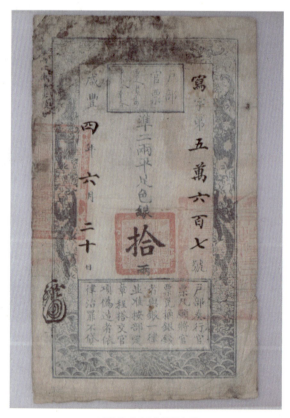

▲清代户部官票纸币

户部官票有多种计量品种，以银两为单位发行。大清宝钞以制钱为单位。政府规定"银票即是实银，钱钞即是制钱"。

户部官票也称银票，主要用白色苔笺纸（京票）、高丽纸（颁外省）制造，靛蓝色印刷，外为龙火纹花样，内部正中以汉、满文标明货币名称，形制基本一致。

在使用中，政府各种支出和税收中搭收一半银票。但因各地不认真执行，甚至有外商在民间低价收购冲抵关税，使钞票迅速贬值而成为政府累赘，户部官票到了同治元年就停用了。

大清宝钞铸铜为版，靛蓝色印刷，纸张原似水印，因急于发行而改用白色山西双抄毛头纸。

清朝银行币：东西结合的新式纸币

鸦片战争以后，外国商人在中国设立银行，并发行纸币。外商银行发行的纸币或以中国的通货为单位，或以他们本国的货币为单位。与此同时，民间的银号、票号、钱庄、当铺也分别发行钱票和银票。各省也纷纷设立官钱银号，发行纸币。

在西方银行制度的影响下，中资商业银行也开始出现，并发行纸币。

光绪二十一年（公元1895年），北洋铁路局和台湾分别发行两种纸币，成为中国最早的新式纸币。票面不仅由竖式改为横式，由大张改为小张，而且还是在国外印刷，所以票面除中文外，还印有英文。

光绪二十三年（公元1897年）。中国第一家商业银行——中国通商银行成立，并发行了银行兑换券。此时的银行是完全照搬了西方国家的银行制度，中国通商银行的章程也是完全照搬了汇丰银行的章程。

光绪三十年（公元1904年），清政府命户部参酌各国银行章程，试办银行，成立了户部银行，作为统一币制的机关。这是我国最早的中央银行。户部银行于第二年由商务印书馆印制了大清户部银行兑换券，分为银两票、银元票和钱票三种。

光绪三十四年（公元1908年），为了进一步凸显户部银行的国家性质，强化其中央银行地位，度支部（由"户部"改名而来）上奏清廷将"户部银行"的各总、分行均改名为"大清银行"，同时还制定了《大清银行则例》二十四条，进一步确定了其中央银行的角色定位。

1909年清廷财政机构为统一全国币制，决定印制"大清银行兑换券"，以每月3600美金聘请美国著名钢凹印雕版技师海趣来华，任印制局技师长并培训艺徒，传授技术。翌年设计"大清银行兑换券"图样，共有八种试色样票（一元、五元、十元、百元四种面值，共八套颜色样票）。诏旨批准将黑色一套定为发行版，交由度支部印刷局（今北京印钞厂）印制发行。此时已是辛亥革命前夜，清政权岌岌可危，即将正式印行的"大清银行兑换券"终于伴随着王朝覆灭而胎死腹中。大清龙钞终未发行流通，原试色样票多保存于博物馆。这是我国采用钢凹板工艺印钞之始，传世的试色样票凤毛麟角。

另外，由清末邮传部开办的交通银行也曾经享有代理国家发行纸币的特权。

纸币印刷技术

清代印刷的户部官票和大清宝钞，多为木版或铜版印刷，与宋、元、明时相仿。票面呈竖方形，尺幅较大，虽为二色或三色套印，但色彩单调，印刷技术并不复杂，民间多能仿制。当时的官府既要防止民间伪造，又无技术措施，只好在票面上加盖官府印鉴，用以保证信誉和增强可靠性。这在中国印钞史上，尚属早期、简单的防伪措施。

西方列强在军事入侵的同时，还把西方货币流入中国，并为中国的地方和私人银号印刷钞票。他们印刷的钞票，因采用先进的近代印刷技术，图画精美、印制精良，从而引起清政府中有识之士的关注。尤其是一些力主革新的政府官员，纷纷议奏朝廷，要求政府引进西方先进的印钞技术，在中国发行纸币，以适应当时清政府的经济需要。当时中国工商业已获初步发展，国内外贸易日益增多，中国旧式银元、银两和清政府印发的老式钞票，已不能适应当时流通领域的需要，客观上也对中国纸币向更高、更新的水平发展提出了要求，致使清政府采纳了户部的奏议，决定设立户部印刷局。

1907年，清政府批准了户部的奏议，户部即着手户部印刷局的筹建工作。鉴于当时世界上的印钞业，以美国钞票公司所采用的钢版雕刻凹印技术处于领先地位，故清政府又派员赴美国考察，确定以美国美京国立印刷局的规模和水平，建设中国的官方印刷局。

雕刻钢凹版技术是一项集绘画艺术、雕刻艺术和技法于一身的、难度非常大的技艺，要求雕刻师必须有一定的绘画基础，再加上自己的艺术灵感，才能将一张原稿（画稿或照片）反刻在特殊的钢版上。没有多年的磨炼和深厚的素养，是难以达到预想的艺术效果的。一般说来，一块优秀的雕刻凹版，是无法仿制的，不仅别人难以仿造，就是雕刻者本人也难以雕刻出一模一样、纹丝不差的同一块钢版来。尤其是人头像的雕刻，不仅要求立体感强、层次分明、线条清晰（包括头发和脸线），而且是直接在钢版上下刀，稍有不慎，则会前功尽弃。所以，一块好的钢凹版人头像的雕刻，实际上是一个艺术再创造的过程，需要半年之久的精雕细刻方能完成。钢凹版用于纸币印刷，既能丰富票面内容，又有较强的防伪性能，其他印刷方法难以比拟，至今仍有很高的实用价值，而且还在不断地发展和提高。

当时的雕刻凹版技术有两种，一种是铜凹版技术，一种是钢凹版技术。两者相比，钢凹版的质地坚实、版纹细密、层次分明、印版耐印，印出的产品线条清晰、墨层厚实，对人头像和风景画的表现力有着尤为独特的效果，而且不易仿造，具有良好的防伪功能。

印刷局选址在北京宣武门外白纸坊，为掌握钢凹版雕刻技术，清政府不惜重金，从美国聘请了雕刻师海趣等五位美国技师到印刷局工作，并传授钢凹版雕刻制版技术。度支部印刷局的建立和海趣等美国技师的到来，开创了中国印钞技术史上的新时代。

度支部印刷局在筹建过程中，边建厂房，边招聘人员进行技术培训。特别值得一提的是从天津官报局招收来的曾向日本人学习过雕刻铜凹版技术的毕辰年、李甫、阎锡麟、吴锦棠等人，经过一段时间的学习，全部掌握了钢凹版雕刻技术，成为中国第一代雕刻钢凹版技术人员，为当时印刷界所瞩目，为中国雕刻钢凹版技术的进一步发展奠定了坚实的基础。

省地方金融机构纸币：国家银行币的补充

清朝末年，原本的各省钱局纷纷开始自铸银元、铜元，后随着外商银行的进一步入侵，户部官票和大清宝钞难以满足当时的需求，各省也纷纷设立官钱局、官银号等机构发行本省纸币。这些机构多被民国所继承，变成了民国的省银行。

清朝地方金融机构发行的纸币有的采用中国旧式竖版的形式，有的仿制西方纸币，做成了横版的西式纸币样式。

商业银行纸币：新兴资本崭露头角

光绪二十三年（公元1897年），中国第一家商业银行——中国通商银行成立，并发行了银行兑换券。此时的银行是完全照搬了西方国家的银行制度，中国通商银行的章程也是完全照搬了汇丰银行的章程。

从1897年到1911年辛亥革命前的这十余年里，银行业发展迅速，继中国通商银行之后，浙江兴业银行、四明银行、北洋保商银行等商业银行相继创办。

私票：千奇百怪的民间货币

私票是未经政府批准，由钱庄、票号、当铺、商会、公司、医院等私自发行的纸币，主要是为了自己的业务交易。这些机构依据自己银两的存储量，发行私票，票据可抵押、转让，也可在该机构和其连锁机构换成现银。后来也曾有几个钱庄票号联合发行一种私票的，使私票的使用范围扩大。

最早的私票——私交子，其实在北宋年间就已经产生，而私票真正的兴盛是在清朝。有学者甚至还认为道光四年（公元1824年）才是私票的真正形成之年。

私票各式各样、五花八门，名称也颇为丰富，包括私票、银票、钱票、花票、流通券等等。和官方发行的纸币相比，私票所用纸张较为劣质，不易保存，印刷质量也不高，防伪措施简单。但是，私票上的设计丰富多彩，很多私票上都印有吉祥的图案、传说故事或是名人诗词，体现了中华优秀传统文化的博大精深。

由于私票数量巨大、种类繁多，所以在百姓的日常生活中也起着非常大的作用。从道光年间到光绪年间，私票在种类和数量上都在不停地扩大和发展，有学者认为，当时私票的流通量已经达到了货币流通总量的三分之一甚至更多。

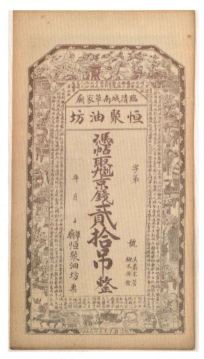

▲民间私票

当铺、钱庄、票号

在不少人心目中，当铺、钱庄、票号基本是一样的，其实，这三种中国最早的金融机构的主营业务还是有所不同。从南北朝起，中国就已经出现了当铺、钱庄、票号的萌芽，它们分别主营抵押贷款、信用放贷和汇兑业务。清朝是这金融三姊妹最为发达的时期。

以生命力和数量讲，当铺居首，钱庄次之，票号为三。按实有资本排名，票号第一，钱庄第二，当铺第三。从经营对象看，当铺面向穷苦大众，范围最广；钱庄联系小型商贸业，市场较大；票号紧贴官府、钱庄、巨富。就机构设置说，票号有总号分号之分，广设分号，钱庄少见分号，当铺独立经营，各自为战。

这些中国传统的金融机构为了防止人们伪造私票，采取了五花八门的防伪措施，这些措施都凝结着古代劳动人民的智慧。例如《乔家大院》里提到过的取一首诗中的几个字作为记号写在钱票上，几月更换一次，如同今天的动态密码一般。又如使用钱庄竹牌，和古代虎符类似，两个竹牌能正好扣在一起，才能取钱等等。然而，中国这些传统的工商业部门多讲究"保持行业秘密"，这些行业秘密多采用口耳相传、师徒相授的方法传承，并无多少文字记录，所以许多都已经失传。

▲清代钱庄竹牌

十三、外国侵略者在中国发行的纸币：经济掠夺的手段

鸦片战争后，中国被迫被外国侵略者打开了大门。外国侵略者采取各种手段掠夺财富，除了逼迫清政府签订割地赔款等丧权辱国的不平等条约外，为了维护他们在中国的经济利益，各国纷纷来中国开设银行。

1845年，英商东洋银行在香港设立分行，这是最早在中国设立分支机构的外商银行。而后，渣打银行、汇丰银行、花旗银行、俄华道胜银行等银行也纷纷在中国境内设立分支机构。

这些外资或中外合资银行在中国境内并不是单纯的进行传统商业银行业务，而是试图控制中国的经济，以掠夺财富。他们在中国境内投资铁路、矿产，并大量发行钱币，以换走中国民众的财富。

▲渣打银行币

▲俄华道胜银行币

　　当时软弱的清政府并没有对这些外资银行发行的货币采取任何限制，有时甚至这些银行发行的货币比地方发行的货币更加有保障。这更使得外资银行发行的货币在中国泛滥起来，长期主宰着中国金融市场。

　　据统计，这些外资银行在中国发行的货币高达40亿美元之巨，中国的财富也以这种方式大量地流失海外。

第十一章

民国时期钱币

1911年辛亥革命爆发，推翻了清政府的统治。1912年中华民国正式建立。但袁世凯窃取了大革命的成果，北洋军阀势力控制中国。1926年，国民政府北伐，于1927年成立南京国民政府。在此期间，1921年，中国共产党建立。1931年，日本发动九一八事变，开始局部侵华战争，1937年，全面侵华战争爆发，国共合作抗日。1945年，日本投降，抗日战争胜利。1946年国民党在美国的支持下开始全面内战，解放战争爆发。1949年4月，中国人民解放军横渡长江，解放了南京，宣告了国民党统治的覆灭。1949年10月1日中华人民共和国正式成立，结束了中国自鸦片战争后持续100余年的动荡局势。

民国初期，是我国民族资本主义发展的时期，和清末一样，大量的外国货币涌入中国市场，加之战争引起的军阀割据等混乱局势，各种钱币层出不穷。据统计，民国时期造币厂109个，发行纸币的商业银行47家，地方银行131家，财政性货币68类。所发行的货币更是不计其数，直至今日还不断有新品种发现。

一、民国铜钱：乱世之下最后的通宝钱

民国通宝是中国流通货币中最后的方孔圆钱。民国时期仅个别省份铸造过民国通宝，成为通宝币制的余响。民国通宝方孔钱为黄铜材质，铸于民国初年（公元1912—1916年）的云南、福

建、天津、甘肃等部分地区，有小平和当十两种。

▲民国通宝

据说，民国通宝分为两种。一种的"民"字左边的竖不到顶，意为"国民开口"；另外一种"民"字的写法是最后一笔"直达天庭"，穿过第一、第二笔与"口"字第二笔相接，寓意"国民出头"。

民国另一种方孔圆钱是福建通宝。1911年10月10日武昌起义揭开了辛亥革命的序幕。各地纷纷响应，首当发难的是浙江、上海、江苏、福建等地。福建革命党人同年11月9日在福州举事，激战一日，光复福州城。13日成立中华民国福建都督府，孙道仁任都督，并发布了一系列政令。其中有一条就是"不发纸币，维持金融稳定"。不发纸币，就得发铜币，于是便出现了这样的钱币。

▲福建通宝拓片

　　"福建通宝"是以省名命名的铜币，这在全国甚为罕见，福建通宝也仅仅有2～3枚被发现。尽管它铸造粗糙，流行时间短暂，但在近代钱币史上却留下光辉的一页。

辛亥革命军用票：伟大革命运动的见证

　　辛亥革命成功推翻了清王朝的统治，结束了在中国统治了几千年的君主专制制度，建立起共和政体。

　　为扫除清朝残余势力，整顿金融，应付军政急需，中华民国临时政府成立之后，还发行了陆军部军事用票和中华民国南京军用钞票；各省在武昌起义爆发之后，也纷纷宣布独立，成立军政府，也发行了带有辛亥革命标志的钞票。

　　此外，在辛亥革命前，孙中山在海外各地为革命筹措资金，发行了筹饷票券。广大海外爱国华侨纷纷响应。这些票券见证了辛亥革命的艰辛历程和广大海外同胞的爱国之心。

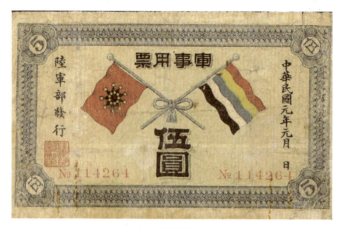

▲军用票

二、民国银元：逐步形成的本位币

民国的银元种类很多，主要分为三个时期。第一时期是开国纪念币时期，铸行了孙中山开国纪念币和袁世凯共和纪念币；第二时期是国币时期，此时期根据《国币条例》铸行"袁大头"；第三时期是银本位币时期，是根据《银本位币铸造条例》铸行的孙像"船洋"。此外，各个军阀大总统统治时期也铸有各自的军阀、总统纪念币，更加丰富了民国银币的内容。

中华民国建立之初，临时政府便制定了《币制纲要》，于1912年3月开铸中华民国开国纪念币新银元1000万元，并下令湖北等地同时铸行此币。这枚开国纪念币正面图案为孙中山侧面头像图案，背面为麦穗双环抱图案。

▲中华民国开国纪念币

孙中山辞去中华民国临时大总统之职后，袁世凯在北京就任中华民国临时大总统。民国元年（公元1912年），意大利雕刻师乔治受聘于天津造币厂，镌刻模具，由天津造币厂铸造了袁世凯着军装高缨冠正面像中华民国共和纪念银币。民国二年（公元1913年）10月10日，袁世凯正式就任大总统，同时发行此币。

该币正面为袁世凯着军装高缨冠正面像，背面珠圈内镌嘉禾图案环；中间为"壹元"二字；珠圈外上环镌"中华民国共和纪念币"；下环镌英文壹元；左右镌各一方形有内四点外四点花饰。

▲中华民国共和纪念币

1914年，北洋政府正式颁布实施《国币条例》和《国币条例实施细则》，决定铸造袁世凯头像的银币为国币。

"袁大头"是对袁世凯像系列硬币的口语俗称，学术名称为"袁世凯像背嘉禾银币"。"袁大头"是民国时期主要流通的货币之一。《国币条例》规定："以库平纯银六钱四分八厘为价格之单位，定名为圆"，"一圆银币，总重七钱二分，银八九，铜一一"，"一圆银币用数无限制"，即以一圆银币为无限法偿的本位货币。根据这一规定，于1914年12月及1915年2月，先后由造币总厂及江南造币厂开铸一圆银币，币面镌刻袁世凯头像，即为"袁大头"。

"袁大头"铸造跨度从1914年至1929年，总发行量超过7.5亿枚。该系列币分别重26.6克、13.3克、5.3克和2.6克，成色分别为89.1％、84.5％、80.4％和82.5％，该币的外环主要是直齿边，还铸有少量工字边和花齿边。

"袁大头"在货币收藏界被称为银元之宝，它是中国近千种近代银币中流传最广、影响最大的银元品种，也是近代中国币制变革中的一个重要角色。

1917年，北洋政府强力推行辅币，开铸了新银辅币和铜辅币，以确立辅币制度。虽然铜辅币失败了，但依然让辅币制度得到推广。经过多年铸造，加上其信誉很高，"袁大头"数量增多，流通渐广，虽僻处边陬，也有其踪迹。"袁大头"银元的通行促进了银元的统一，也为"废两改元"准备了条件。

1933年3月，国民党政府财政部颁布了《废两改元令》和《银本位铸造条例》，决定结束各省分铸银元的局面，将银币的铸造权收归于设在上海的中央造

▲中华民国银元（袁大头）

▲洪宪银元（正）

▲洪宪银元（背）

币厂，并决定先从上海实施废两改元，规定从当年4月6日起，所有公私款项的收付，须一律改用银币，不得再用银两交易。同年，一种新式的银币——"船洋"开始在上海中央造币厂铸造。船洋设计新颖，铸工精湛，银元直径39.4毫米，重量为26.69克，成色88%，含纯银达23.49克。

船洋银元为民国时期南京政府发行的银本位币。其正面图案是革命先驱孙中山先生身着汉装的侧面头像，上方为中华民国××年，背面图案是双桅帆船。

▲中华民国银元（帆船）

船洋发行后，在市场上深受民众欢迎，并和"袁大头""开国纪念币"一起逐渐取代了流通于市面的各式清朝银元和外国银元。直至1935年国民党政府实行法币改革，禁止银元流通为止。

值得一提的是，在"船洋"银币系列中，有一种民国二十一年版的银币有着戏剧性的命运。

九一八事变之前，国民政府发行了民国二十一年银元，币面刻有一艘双桅帆船，顶上有三只飞鸟，东方有一轮初升的太阳，俗称"落日三鸟"。寓意击落战机、一帆风顺。不料刚发行，日本军队就发动了九一八事变，当时有人把空中图案附会为日本国正要升起，三只鸟被说成是东北三省要飞掉了，因此舆论哗然，纷纷指责国民党。政府也感

▲中华民国银元（三鸟币）

到"天上的飞鸟是外国人的徽记，凌驾于中国帆船之上"，都认为不妥，马上下令收回这版银币，以制止谣言流传。

军阀系列人物银币

民国期间，由于军阀各有势力，各自为政，只要有势力就能铸造银币，因此出现了大量有他们头像的银币，这些纪念币大多铸造量较少，有些还并不多见。

段祺瑞是中华民国时期著名政治家，皖系军阀首领，孙中山"护法运动"的主要讨伐对象，号称"北洋之虎"。他在1916年至1920年为北洋政府的实际掌权者，1924年至1926年为中华民国临时执政者。1926年3月18日发生了段祺瑞政府镇压北京学生运动的三一八惨案。九一八事变后，日本人曾胁迫段祺瑞去东北组织傀儡政府，段严词拒绝。

徐世昌是前清大臣、袁氏称帝时的国务卿，1918年，段祺瑞操纵的国会选他为大总统，在天津铸造了面值一元的纪念币，上面是徐世昌的头像。段祺瑞自视甚高，连下围棋都非赢不可，岂肯屈居人下，为人作嫁衣。1924年，段祺瑞终于如愿以偿，将自己的头像也铸进了纪念币，金、银各有一种，正面是他的光头

▲徐世昌仁寿同登
纪念币（正面）

▲徐世昌仁寿同登
纪念币（背面）

▲段祺瑞执政纪念币（正面）

▲段祺瑞执政纪念币（背面）

便装像，背面稻穗中间有篆体的"和平"二字。

黎元洪在中华民国临时政府成立时被选为副总统，民国二年（公元1913年）袁世凯、黎元洪分别当上正副大总统。黎元洪支持袁世凯解散国会，破坏《中华民国临时约法》，兼任御用的参政院院长。民国五年（公元1916年）6月，袁世凯死后，黎元洪继任大总统，宣布恢复约法，召集国会。但实际权力则为国务总理、皖系军阀段祺瑞所掌握。黎元洪不甘于受段摆布，形成"府院之争"。段祺瑞利用张勋将黎驱走，由副总统冯国璋代行大总统。民国十一年（公元1922年）6月，直系军阀曹锟、吴佩孚赶走皖系总统徐世昌，请黎元洪复职。黎元洪复任总统后，无实权。

曹锟是国民革命军陆军一级上将，中华民国直系军阀的首领。驻军保定，被称为"保定王"。1923年，曹锟用白花花的银子收买国会"八百罗汉"，顺利当选为第五任中华民国大总统。他铸一种纪念币不够，还连铸了两枚，一枚是正面刻有曹锟头像的"宪法成立纪念"金银币，背面是交叉飘扬的民国五色旗图案；另一枚正面是曹锟戎装脱帽纪念币，背面是海陆旗的图案。

▲黎元洪开国纪念币

▲曹锟纪念章（文曹）

▲曹锟纪念章（武曹）

三、民国铜元：百花齐放

相比于清朝铜元，民国铜元更为混乱，各省之间独立发行，改版多次。民国铜元的铸造大体上可分为初期、中期和后期三个阶段。

民国初期铜币，指民国元年（公元1912年）至民国七年（公元1918年）发行的铜元。其种类有"开国纪念币""共和纪念币"及铸有省名的民国铜元等。1914年，铜元正式改称"铜币"，民国发行的铜币与清代最大的区别，就是龙纹被换成了由稻穗组成的嘉禾纹，这时期新式铜元与清末旧式铜元混合流通，使铜元的混乱程度进一步恶化。

▲民国铜元（四川）

▲民国铜元（天津）

民国中期铜币，指民国八年（公元1919年）至民国二十四年（公元1935年）发行的铜元。这一时期国内铜元的混乱局面达到顶点。地区性分割使铜的流通呈明显的区域性，市面上流通的不仅有清代的各类铜元、民国各类铜元，个别地区还流通大面额铜元，如四川大部、湖北、河南局部地区流通五十文至二百文不等的大面额铜元，共产党领导的革命根据地也发行有自己的铜元，日伪政权则在他们控制的地区也发行了铜元。因此，这一时期的铜元五花八门，极为混乱。

民国后期铜币，指民国二十五年（公元1936年）至民国三十八年（公元1949年）发行的铜元。民国中期后几年，各地军阀逐步走向衰落，国民党政府开始了统一币制控制金融的进程。这一时期国民党政府主要发行纸币，铜元辅币逐渐被镍币所代替。发行的铜元主要有党徽布图分币等。新中国成立前夕，贵州、绥远还发行了地方铜元，但只是昙花一现。至此，铜元走完了其短暂的历程，逐渐退出流通领域。

▲民国铜元百文（河南，正面）

▲民国铜元百文（河南，背面）

▲民国铜元（中央造币厂，正面）

▲民国铜元（中央造币厂，背面）

金条：深受喜爱的"小黄鱼"

民国时期，老百姓将金条俗称为"黄鱼"。那时金条一般是不参与普通市场流通的，需到银行、钱庄兑换成银元，才能消费使用。身处动乱时期，稍微有钱的人家，都会在家中备上两三根"小黄鱼"，以备不时之需。

民国初年，世界各国已经开始采取以黄金为本位币的货币制度，黄金交易非常活跃，上海成为黄金交易量仅次于伦敦和纽约的世界第三大金市。1935年，国民政府开始实施法币政策，严控黄金交易，规定凡持有黄金、白银现货者应向国家银行兑换法币，由政府集中收购黄金、白银，禁止市场买卖、流通。抗日战争后期，国统区通货严重膨胀，法币贬值。为抑制通货膨胀，国民政府决定开放外汇市场，实施黄金买卖政策，举办黄金储蓄存款，收回法币，平抑物价。1945年8月，黄金储蓄存款陆续到期，政府命令中央造币厂生产金条，之后交由中央银行空运到各地备用，以供民众兑换。制作金条原材料是由美国进口的四百两重金砖，中央造币厂直接进行切割，使用半自动式金条压轧机制成各种重量的小金条。

四、国民政府时期的法币

1927年北伐成功，国民政府在南京成立。面对金融上混乱的局面，国民政府着手整顿币制，成立了中央银行，整顿发钞制

▶中央银行十元

▶中国银行十元

▶交通银行一元

▶中国农民银行五角

度，先后实行了废两改元和法币改革，货币制度逐步走向有序。

1928年1月1日，中央银行正式成立。以中央银行为核心，以中国银行、交通银行、中国农民银行和中央信托局、邮政储金汇业局为支柱，形成了"四行二局"的体系。四家银行都可发行法币。

在抗日战争和解放战争期间，国民党政府采取通货膨胀政策，法币急剧贬值。1937年全面抗战前夕，法币发行总额不过14亿余元，到日本投降前夕，法币发行额已达5000亿元。到1947年4月，发行额又增至16万亿元以上。1948年，法币发行额竟达到660万亿元以上，等于抗日战争前的47万倍，法币彻底崩溃。

1937年全面抗日战争开始至1941年英美参战前，日本为破坏中国后方经济，在日占区强行以日本发行之货币收兑法币，再加上以走私物资套得法币，送往上海兑取国民政府的外汇。国民政府分别从英国及美国得到超过一千万英镑及五千万美元贷款，但仍不足以支持法币汇价。至1940年起，取消无限制外汇买卖。于是法币的价值开始下跌。

抗日战争期间，财政支出增加，法币大量发行。到了战后已发行至5569亿元，比战前增加约400倍。1946年后，法币的发行量更加大增，由抗日战争胜利时的5569亿上升至1948年8月的604兆元，三年间增加超过一千倍，造成了民间的恶性通货膨胀。当时曾经有造纸厂以低面额的法币作为造纸的原料而获利。宋子文为行政院长时，试图以金融政策稳定法币，抛售库存黄金购回法币。但因为法币发行量仍在增加而没有得到成果。1948年5月后，由翁文灏出任行政院长，王云五出任财政部部长。他们开始筹划另一次货币改革，以金圆券取代法币。

五、金圆券、银圆券：通货膨胀下的短命纸币

金圆券是解放战争后期，中华民国政府为支撑其崩溃局面而发行的一种本位货币。1948年8月19日开始发行，至1949年7月停止流通。

抗日战争胜利后，解放战争爆发，战争使得国民政府军费急剧增加，引起财政赤字直线上升。国民政府为了支付军费大量印刷法币，导致物价疯狂上涨，国民党统治区社会经济面临崩溃。1948年通货膨胀达恶性时期，法币急剧贬值，为挽救其财政经济危机，维持日益扩大的内战军费开支，决定废弃法币，改发金圆券。

1948年8月18日，政府下令实行币制改革，以金圆券取代法币，强制将黄金、白银和外币兑换为金圆券。发行初期，在没收法令的威胁下，大部分的城市小资产阶级民众皆服从政令，将积蓄的金银外币兑换成金圆券。在政府的压力下，资本家虽然不愿，亦被迫将部分资产兑成金圆券。以行政手段强迫冻结物价，造成的结果是市场上有价无市，商人想尽方法保护自己的财产。所以，金圆券在通行短短10个月后就如同废纸一样。此时的国民党仍不罢休，改为发行银圆券，最后也是一样的结果。由于滥发造成的恶性通货膨胀，致使大量城市中产阶级破产，政府民心大失，这也成为国民党内战迅速失败的原因之一。

受金圆券、银圆券风暴影响最大的，是城市内的小资产阶级。他们没有大资本家的财力和资源去保护自己仅有的财产，亦不如乡间农民或无产阶级的无产可贬。在金圆券发行初期，他们

▲中央银行金圆券五万元

▲中央银行银圆券十元

或被迫或出于信任政府，将累积所得的财产换成金圆券，在恶性通胀中所承受的损失最大，部分人因而沦落得一无所有。

国民党政府虽然因金圆券发行，搜得民间的数亿美元金银外汇，却失去了国内本来最应倾向于他们的阶层：城市人民的信任与支持。1948年中，国民党在军事上节节失利，而金圆券风暴令国民党在半壁江山内仅余的民心、士气亦丧失殆尽。这是造成整个国民党政权在大陆迅速崩溃的原因之一。

地方银行纸币

民国成立后，许多清朝时期的制币局或钱号如广东官银钱局等都被改组成了省银行，在当地发行纸币，成为各地军阀的财政支柱。原本北洋军阀统治之下的各省，基本上就是沿用清朝的制度，这也是民国初期各种钱币共同流通的一大原因。1935年法币改革之后，中央才开始禁止地方银行发行纸币，逐渐将这些省银行发行的纸币收回。

▶河北银行一角

▶直隶省银行一元

商业银行纸币

辛亥革命以后，中国的新式银行业迅猛发展起来。盐业银行、农商银行、劝业银行等等商业银行纷纷成立。由于在1935年前，民国并没有建立真正的中央银行，纸币的发行权还没有完全地掌握在政府的手中，所以很多的商业银行经政府批准后也可以发行纸币。例如清朝末年成立的中国通商银行，在民国初期依然享有发行纸币的特权。

领券制度其实是一种间接发行制度。那些没有发行权的银行钱庄等金融机构在一定条件下可以向有发行权的银行领用定额的兑换券，在兑换券上加盖自己的暗记。

▶厦门劝业银行五角（正面）

▶厦门劝业银行五角（背面）

私票：从大发展到逐渐消亡

中国传统的钱庄票号在民国时期依然占有着一席之地。

民国初年，据农商部统计，私票的发行曾到达1亿元以上。这些小范围流通的货币在老百姓的生活中起着十分重要的作用。然而随着近代银行的发展，银行兑换券渐渐取代了私票在货币中的地位，加之民国政府采取了限制私发纸币的政策，时常公布打压禁止私票的法律，如1929年，民国财政部就发布了《取缔地方钱庄、商号私发纸币》的禁令，命令收回私票。1935年的法币改革，更是让政府对私票的管理愈加严格了起来，私票最终慢慢退出了历史舞台。

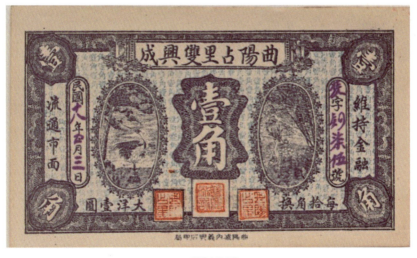

▲民间私票

后 记

千秋唯有长城在，不见当年秦始皇。

莫道区区仅半两，曾看刘项入咸阳。

　　民国时期著名的古钱币收藏家丁福保先生的这首诗，不仅表达出缅怀历史、睹物思人的情怀，而且揭示了古钱币收藏过程中神交古人的雅趣。在某一时刻，古钱币恰如一柄柄联通古今的钥匙，为我们打开一扇扇尘封已久的时空之门。在门的那一边，有君临天下的嬴政，有睥睨宇内的刘彻，有虎牢关前横扫千军的李世民，有陈桥驿中黄袍加身的赵匡胤，有终南山下悠然采菊的陶渊明，有长安酒肆金龟换酒的贺知章……

　　钱，与我们的生活密不可分。史载汉宣帝时，谷至石五钱（《通典》），一石谷子只要五个铜钱；贞观年间，天下大稔，斗米不过三四钱（《旧唐书》），一斗米才三四个铜钱。国家纷乱之时，钱亦恶劣。南朝时期，民间盗铸成风，劣质的铜钱竟入水不沉，随手破碎，十万钱不盈一掬，斗米一万（《资治通鉴》）；明末鬻人肉于市，每斤价钱六文（《青州府志》）。古钱，经过前人千万次的传递，承载了无数人的悲欢离合。如果历史有一道灵光，透过古钱币折射出的便是百味人生，其中有"儿童不问无钱买，便拽铃儿唤小厨"，也有"主人何为言少钱，径须沽取对君酌"，还有"丈夫贫贱应未足，今日相逢无酒钱"，更有"无钱无车两茫茫，回首半生泪两行"……

本书不言钱币学说，不言历史研究，只希望以古钱为引，以古钱为镜，看国家过往，谈百姓人生。古今多少事，都付笑谈……

编者识

癸卯仲秋